托幼一体化（0—6岁）艺术类教材

中国学前教育研究会教师发展专业委员会
上海市人口早期发展协会 联合组织编写

婴幼儿早期音乐启蒙教育

（0—42个月）

修订版

蒋振声　主编

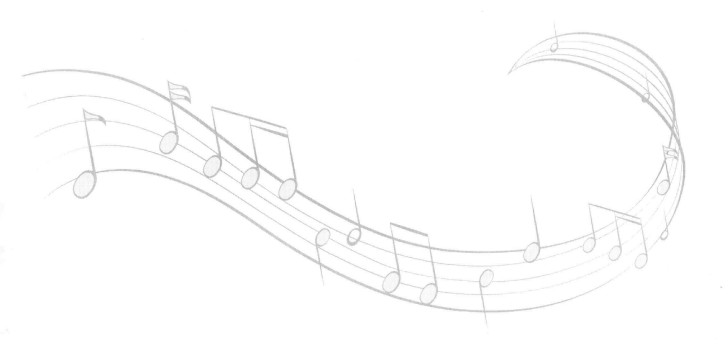

上海教育出版社
SHANGHAI EDUCATIONAL
PUBLISHING HOUSE

内 容 提 要

近年来,国家对托育工作的开展高度重视,党的十九大报告提出"幼有所育"。2021 年 1 月,国家卫生健康委制定印发了《托育机构保育指导大纲(试行)》。在此前提下,我们对《婴幼儿早期音乐启蒙教育》一书,作了重要修订。"理论篇"共分五个章节:

一、对婴幼儿音乐能力的认识

二、音乐启蒙教育促进大脑的发育

三、婴幼儿音乐启蒙教育的方法

四、婴幼儿早期音乐启蒙教育的注意点

五、积极发展我国婴幼儿早期音乐启蒙教育

作为实用教程和教材,本书从第六章到第十四章,则以婴幼儿月龄(每 6 个月为一章)为阶段,结合我国的实际情况,并吸取国外成功的经验,针对婴幼儿发育特点,以科学的态度,创作、编排了系统的曲目和内容。

为了便于操作实施,每一个教案均配以浅显易懂的要求、提示等说明。为密切配合上述音乐教育内容,便于参考和操作,本书精心制作了音频,可扫码听音乐。可以供一线托育机构、早教中心、幼儿园早教班的老师以及婴幼儿家长使用。

我们衷心希望读者们不吝赐教,给予我们宝贵的意见,也期待今后有更多高质量的婴幼儿音乐启蒙教育的书籍和教材出现,更好地为婴幼儿的健康成长提供理论和实践的指导与支持。

丛书编委会

主 任 郭亦勤 马 梅 缪宏才

副主任 贺永琴 蒋振声 袁 彬

编 委 （按姓氏笔画排列）

于 喜 王玉舒 王爱军 王海东 方 玥 叶平枝

任 杰 乔永军 苏睿先 李春玉 李鹂桦 张 静

张凤敏 张立华 张会艳 张克顺 张明红 张怡辰

陈恩清 陈穗清 周 蓓 郑健成 赵凤鸣 徐 健

黄国荣 康松玲 蒋高烈 韩映红

本书编委会

顾　问　孟吉平

主　编　蒋振声

副主编　李　佳　张星星　龚　谨　任　明　徐瑶勤　全　芳

编　委　（按姓氏笔画排列）

　　　　冯海燕　阮　婷　刘顺梅　祁晓刚　全　芳　任　明
　　　　李　佳　陈　燕　陈　玲　陈洪冰　杨　萍　张　冲
　　　　张　静　张星星　侯延华　胡美彤　徐瑶勤　龚　谨
　　　　程诗杰　蒋振声　熊国燕　廖雅婷

总　序

我国"三孩"政策和相应配套与支持措施的实施,必然带来新生人口的增长。在我国学前教育已经取得显著成果之时,人们对0—3岁婴幼儿早期教育的需求与期待明显增强。

中国学前教育研究会教师发展专业委员会针对我国托育事业发展状况与趋势,充分认识到国家、社会、家庭对婴幼儿照护的重视与需求必然推进托育事业的大发展,而婴幼儿照护专业人才的培养、培训,建立一支有素质、专业化的早期教育师资队伍就势必成为关键问题。针对我国高专、高职院校2009年开始设置早期教育(0—3岁)专业,并在2010年产生第一个早期教育专业点,随之一些高专、高职院校根据社会需求,迅速开办并推进早期教育专业点建设的情况,教师发展专业委员会于2015年、2016年先后召开了早期教育专业建设研讨会、早期教育课程与教材建设推进会,积极组织全国有关专家学者,与已经开设和准备开设早期教育专业的高专、高职院校相关负责人共同深入研究并制定了早期教育(0—3岁)人才培养方案,组织华东师范大学、北京师范大学、广州大学、天津师范大学、哈尔滨幼儿师范高等专科学校、福建幼儿师范高等专科学校、贵阳幼儿师范高等专科学校等院校和国家卫生健康委员会(原国家卫计委)有关部门的专业人士及学者,组成了早期教育专业课程与教材建设专家委员会,成立了由部分幼高专和卫生、保健、营养等专业人员组成的早期教育专业教材编写委员会领导小组。2017年开始组织专家、学者、专业人士围绕早期教育(0—3岁)专业核心课程进行研究,并编写了系列教材,目前已经由上海科技教育出版社出版发行十余本。

2019年以来,国家加大了对托育事业与婴幼儿照护专业队伍建设的指导与规范。2019年5月《国务院办公厅关于促进3岁以下婴幼儿照护服务发展的指导意见》(国办发〔2019〕15号)颁发。紧接着在2019年5月10日,国务院以"促进3岁以下婴幼儿照护服务发展"为主题,召开了政策例行吹风会。教育部办公厅等七部门在《关于教育支持社会服务产业发展提高紧缺人才培养培训质量的意见》中提出,每个省份至少有1所本科高校开设托育服务相关专业。2020年5月,国家卫健委出台《婴幼儿辅食添加营养指南》;10月,中国疾病预防控制中心就婴幼儿喂养有关问题作讲解;同月,教育部回应政协委员关于早期教育和托育人才培养如何破局,提出在中职增设幼儿保育专业、幼儿发展与健康管理专业,指出将继续推动有条件的院校设置早教专业,扩大人才培养规模,推进"1+X"证书制度试点。国务院办公厅2020年12月印发《关于促进养老托育服务健康发展的意见》。国家卫健委在2020年10月12日公开向社会征求《托育机构保育指导大纲(试行)》意见的基础上,于2021年1月12日印发了《托育机构保育指导大纲(试行)》(国卫人口发〔2021〕2号)。各省市也纷纷出台了落实《国务院办公厅关于促进3岁以下婴幼儿照护服务发展的指导意见》的实施细则或办法。这些政策与措施极大地推进了我国托育事业和早期教育师资队伍建设。至2019年,全国高专、高职早期教育专业点有100多个,学前教育专业点约700个,幼儿发展与健康管理专业点约250个。

针对全国院校早期教育专业迫切需要进一步加强专业课程与教材建设的呼声,中国学前教育研究会教师发展专业委员会在早期教育专业启动编写第一批核心课程系列教材并已陆续出版发行的基础上,于2019年组织已经开设早期教育类专业的高等院校教师、研究人员,联合国家卫健委系统的卫生、营养、保健、护理、艺术等专业人士,共同启动了早期教育专业第二批实践、操作类和艺术类教材的编写,由上海教育出版社出版发行。

此次出版的系列教材提供给已经或即将开办早期教育专业的高专、高职院校师生使用,也适合托育机构教师、早教领域、社区早教管理和工作人员使用,早教类相关专业(如保育、营养与保健、健康管理等)也可以参考和选择使用,同时也为高校本科、中职与早教相关专业提供参考。由于全国早期教育专业建设与发展存在不平衡,师资队伍力量不均衡,建议根据本院校、本地区实际情况,在早期教育专业人才培养方案的指导下,合理选择确定必修课、必选课、任选课的课程与教材。

从全国来讲,早期教育类专业起步至今仅十余年时间,无论是理论还是实践上,与一些成熟专业相比都存在较大差距。虽然我们从教师发展专业委员会角度力求整合全国最强的力量,给院校早期教育专业建设与发展提供更科学与实用的教材,但是由于教材的一些编者研究深度不够,实践经验不足,能力和水平有限,一些教材不可避免地在某些方面存在问题,请读者批评指正。非常期望在我们推出这两批早期教育专业系列教材的基础上,能有更高水平的专业教材不断产生。

这批教材的主编由高等院校骨干教师和部分省市的骨干医生承担,编者多来自开办或准备开办早期教育专业的高等院校。在此对他们付出的辛勤劳动与贡献表示衷心感谢!对提供各种支持与帮助的领导、老师、朋友们致以诚挚的谢意!

中国学前教育研究会教师发展专业委员会

叶平枝

2021 年 5 月于广州大学

前　　言

近年来,随着对婴幼儿音乐认知能力的深入研究,国内在开发婴幼儿音乐能力、开展婴幼儿音乐启蒙教育方面,正在逐步更新和确立科学的、符合婴幼儿成长规律的新理念。其中最为突出的认识,体现在两个方面:

（1）婴幼儿具有音乐能力和发展潜能;

（2）婴幼儿音乐启蒙教育具有独特的重要性。

婴幼儿早期音乐启蒙教育,能够影响宝宝正在发育的大脑,提高他们的认知能力。从而有助于逻辑思维与形象思维、记忆力与创造力的开发。

目前国内对0—3岁婴幼儿音乐的启蒙日渐重视。但开设早教的各类机构可选用的教材相对较少。于是,一个明显的矛盾逐渐显现,即:人们对于婴幼儿音乐启蒙教育的重要性的认识在不断提高,而用于可操作的教程明显跟不上需要。为了满足国内早教工作第一线的专业机构、托育中心以及广大家长的需求,我们力图在科学理解、尊重婴幼儿身心发展的基础上,努力打造一套具有国际视野的、符合中国国情的、可操作性强的实用教材。

本书的前五章,试从理论上对婴幼儿音乐启蒙教育进行探讨。

第一章"对婴幼儿音乐能力的认识"综述了"音乐教育的价值""婴幼儿对音高的感知""婴幼儿对节奏的感知""婴幼儿对音乐情绪的感知"等重要理论问题。

第二章"音乐启蒙教育促进大脑的发育"根据大量的科学实验和依据,证实了音乐启蒙从结构上、从微观上、从左右脑优势互补角度促进大脑的发育,为开展婴幼儿音乐启蒙,奠定了坚实的理论基础。

第三章提出了"婴幼儿早期音乐启蒙教育的方法"。期望通过"倾听""交流""律动与模仿操"等行之有效的方法,实现对婴幼儿的音乐启蒙。

第四章为广大婴幼儿音乐启蒙教育工作者、家长以及读者提出"婴幼儿早期音乐启蒙教育的注意点",分别从"确立正确的育儿观""教材的选择""亲子活动的设计"等方面,指出在音乐启蒙教育中容易出现的一些问题与盲区。

在第五章"积极发展我国婴幼儿早期音乐启蒙教育"中,指出了开展我国婴幼儿早期音乐启蒙教育的关键所在。从"莫扎特效应"谈到积极发展我国婴幼儿早期音乐启蒙的迫切性与可能性。

从第七章起,作为实用教程与教材,本书以婴幼儿月龄（每6个月为一章）为阶段,结合我国实际情况,并吸取国外成功的经验,针对婴幼儿的发育特点,以科学的态度,创作、编排了系统的曲目和内容。

在0—18个月的月龄段中,编者选用、创作了一批音域在三度左右的亲子互动歌曲、亲子活动音乐、亲子游戏音乐,以及舒缓、柔美、宁静的轻音乐和摇篮曲:《我的宝宝要睡觉》《眼睛闭闭好》《梦》《安睡歌》《美丽的黄昏》《醒来了》《进餐》《星星和月亮》《玩耍》《快乐的家》等。这些内容有利于辅助婴幼儿进行适量活动,培养良好的喂养、睡眠习惯,并能够开启婴幼儿的心智,增强语言表达能力。

在19—30个月的月龄段中,编者选编、创作了一批音域在四度左右的亲子互动歌曲:《蝴蝶》《咪咪小猫》《小黑猪》《宝宝不洗脸》《宝宝搭积木》《布娃娃敲木琴》《机器人》《早教中心朋友多》等;音乐游戏:《听音蹲下》等;模仿操:《打鼓》《小喇叭》《小手小脚》《小猫操》等。音乐内容非常符合这个年龄段幼儿牙牙学语、善于模仿、特别好动的习性。

在 31—42 个月的月龄段,依据幼儿好动以及喜欢模仿的特点,编者创作、选编了五度的歌曲:《小八腊子开会喽》《好娃娃》《礼貌歌》《我有一双小小手》《玉米妈妈》《大苹果红艳艳》等;表演唱:《骑上我的小车》《"六一"到》等。

随着婴幼儿发育成长,认知、感知能力的不断提高。我们在 19—42 个月的月龄段中,创作、改编一些音乐形象丰满、音乐特征鲜明的乐曲作为听赏音乐,如:《森林里》《火车》《滑滑梯》《马路上的车》《小马驹》《逗狗》《摇到外婆桥》《美丽的小花伞》《小动物跳舞》《七彩音符》《下雨啦》《欢迎曲》《小羊、小猫和小鸭》等。让这个月龄段的婴幼儿可以在丰富多彩的音乐世界里畅想,在浩瀚无垠的音乐海洋里遨游。

为了便于使用者操作实施,本书每一个教案均配以浅显易懂的目的、要求和提示等说明。为密切配合上述音乐教育内容,便于使用者参考和操作,本书精心制作了音频,可以供一线托育机构、早教中心、幼儿园早教班的老师以及婴幼儿家长使用。

我们衷心希望读者们不吝赐教,给予我们宝贵的意见,也期待今后有更多高质量的婴幼儿音乐启蒙教育的书籍和教材出现,更好地为婴幼儿的健康成长提供理论和实践的指导与支持!

编者

2024 年 8 月

目　录

理　论　篇

实 践 篇

目录中带有"*"标记的歌曲均配有单独的伴奏音乐数字资源,可供适龄宝宝演唱时使用。

理 论 篇

第一章　对婴幼儿音乐能力的认识

近年来,随着对婴幼儿音乐认知能力的深入研究,我们对婴幼儿音乐能力的传统认识正在被打破,对音乐启蒙教育的理解正在逐步地走向深入。越来越多关注婴幼儿音乐感知能力的研究证明,婴幼儿是具有音乐能力和发展潜能的,婴幼儿对音高、节奏以及音乐情绪的感知能力,远远超出了我们以往的想象。

一、音乐教育的价值

随着时代和科技的进步,人们对音乐教育价值的理解也更趋于科学和深刻。音乐教育的价值主要体现在两个方面,即音乐本体价值与音乐教育价值。所谓音乐本体价值就是指音乐的文化传承价值,通过音乐教育传承音乐文化;所谓音乐教育价值就是指音乐教育的育人价值,通过音乐教育促进个体发展。

目前已证实音乐能够帮助人类增强认知系统,增强感知运动系统,增强应激—反应系统,增强记忆系统等,这充分说明了音乐教育多方面的育人价值。

孩子需要音乐这种载体表达他们的思想和情感。音乐不仅能够使孩子愉快,而且有助于孩子多方面的发展。例如:

音乐有助于孩子语言能力的发展,简单的歌曲能让孩子初步了解语言的结构。

音乐有助于孩子学习数学,当孩子学习节奏的时候,他们其实也是在学习比例、分数。

音乐有助于孩子社会性的发展,使孩子感情丰富,开朗活泼。

参加音乐活动有助于孩子发展较高水平的群体合作,提高对自身及他人行动的理解力。

音乐能够帮助孩子提高抽象推理能力,培养孩子的形象思维。

音乐能鼓励孩子自我表达并增强孩子的自信,增进孩子的感知和表达能力。

音乐能激发想象力,使孩子更富有激情,有助于培养他们今后的创造能力。

现代科研结果已经证明,音乐确实有助于孩子的成长发育,并对其一生起到潜移默化的深远影响。

这就是音乐教育的价值所在。

二、婴幼儿对音高的感知

音高是指乐音的高低程度。不同音高按照一定关系排列在一起,形成音阶、音调或调式来表达音乐意义。婴幼儿对音高的识别是与生俱来的,新生儿就已经展现出喜欢听乐音而非噪声的倾向,而且能够区分不同音高的差别。

一项观察发现1—2个月的婴儿听《小步舞曲》时,对其中的和谐音程,给予了更多注意;另一项实验采用"习惯化—去习惯化"范式向两组两个月大的婴儿分别反复呈现和谐、不和谐音程的音高轮廓,待婴儿熟悉之后再分别呈现不和谐、和谐音程的音高轮廓,发现两组婴儿分别对后者产生了去习惯化(即注意时间增加了)。研究表明,该年龄段的婴儿能够区分不同的音高,对音高刺激熟悉之后,能够识别变化了的音高。

随着婴儿生活经验的增加,音高感知能力逐渐发展。一项研究以单音 1 为根音,向上分别构一个纯五度音程和一个减五度音程(5 和 ♭5 分别为冠音,二者相差一个半音),5 个月左右的婴儿作为研究对象能够感知到两个冠音间的微小差异。这说明5 个月左右的婴儿是在原型感知基础上进行了分类,已经具有知觉分类的能力。

又如,在以 9—10 个月婴儿为对象的一项研究中,研究者采用由 6 个音高构成的标准轮廓、异轮廓(改变第三个音的音高,以及旋律走向,属于整体性变化)和同轮廓(改变第三个音的音高,但旋律走向不变,属于局部性变化)3 种材料。研究人员呈现标准轮廓之后,再分别呈现两种变化轮廓。结果表明,10 个月左右的婴儿不仅能够区分出标准轮廓和异轮廓,也能够区分出标准轮廓和同轮廓。婴儿一开始关注音高之间的整体与和谐性结构,随着个体的成熟和经验的增加,婴儿已经逐渐注意到内部信息特征的变化。到 10 个月左右,婴儿突破了只能按照整体轮廓感知音高的限制,能够感知音高局部性变化的意义信息。

三、婴幼儿对节奏的感知

节奏是各音符按照彼此之间的时间关系形成的组合,由强弱不同的节拍与持续时间长短不一的时值构成,不同时值和节拍构成不同的节奏。

一项研究采用"习惯化—去习惯化"实验范式,让一组两个月婴儿首先适应一段二拍子的节奏律动刺激后,再呈现三拍子节奏律动刺激,婴儿对后者表现出了更多的注意。这表明婴儿熟悉一段节奏刺激后分辨了新异节奏刺激,能在原型感知的基础上进行分类,表现出对节奏的知觉分类能力。

另一项研究观察了 3—5 个月婴儿的节奏认知能力,研究人员选择两段节奏刺激婴儿,节拍均为三拍子,时值分别为 600-200-400 和 200-600-400 毫秒,婴儿表现出了能够辨别两种不同节奏刺激的行为反应。研究人员认为,该年龄段的婴儿能够根据节拍和时值分辨不同节奏,但是该年龄段婴儿对音乐节奏的知觉反应主要是建立在模块匹配的基础上,根据节奏整体轮廓进行识别和判断,未形成节奏的局部信息概念。

研究进一步考察了 6—9 个月婴儿的节奏识别能力。研究人员给婴儿依次呈现四拍子和三拍子的节奏律动,然后分别将两种节奏中的某些拍子改为空拍。结果表明婴儿不但能够辨别两种不同的节奏,而且还能感知节奏局部信息的变化。说明该年龄段的婴儿对节奏的感知突破了节奏整体轮廓的限制,形成了节奏的整体和局部信息概念。

还有研究观察到,10—12 个月的婴儿在同样的节奏中对具有重音节拍的节奏能够给予特别的注意。重音是音乐节奏律动的重要属性,该年龄段的婴儿通过不同形态和类型的重音来确定节奏的运动方式并把握不同节奏的运动形态,能够对不同分组的重音节拍产生认知。婴儿能够认知具有重音节拍的节奏刺激,对于开展婴幼儿音乐启蒙教育时,根据不同的分组类别进行实验和研究有着重要意义。

因此,婴儿从 10 个月起,不但能分辨节奏整体轮廓,识别节奏意义,而且能够通过重音节拍来解释和组织输入的音乐信息,感知节奏律动并识别和分类不同节奏。

四、婴幼儿对音乐情绪的感知

音高和节奏组成音乐旋律,旋律是音乐的基础,是音乐艺术语言中情绪表达的主要手段,人们往往通过旋律来探讨音乐诱发情绪的心理表现。

一项研究比较了 3—8 个月婴儿的音乐情绪体验。研究人员在婴儿的左右两侧分别摆放毛绒动物玩具,一边为面部表情愉快的毛绒玩具,一边为面部表情不愉快的毛绒玩具。首先,通过强化训练,使婴儿在听到高兴、欢快的音乐时,将头转向面部表情愉快的玩具;在听到悲痛、忧伤的音乐时,将头转向面部表情不愉快的玩具。正式实验时,研究人员让婴儿聆听不同的音乐,同时观察婴儿的转头情况。结果表明,5—8 个月的婴儿表现出了明显的转头行为,且在听到欢快音乐时,转向面部表情愉快的玩具,听到悲伤音乐时,转向面部表情不愉快的玩具,而 3—4 个月的婴儿没有表现出这种准确的反应。因此,研究人员认为,婴儿从 5 个月开始能够识别音乐的情绪意义。

总之,婴幼儿先天具有音乐感知能力,随着年龄和生活经验的增加,其巨大的发展潜能,可以得到越来越充分的发挥。

第二章　音乐启蒙教育促进大脑的发育

一、音乐启蒙教育从结构上促进大脑的发育

婴幼儿的大脑发育具有阶段性。其中,在0—5岁阶段是大脑第二基本功能区飞速发展的阶段,而大脑第二基本功能区的发展主要依赖于外界环境的丰富刺激与整合。人类大脑中最先成熟的就是听觉神经。因此,获得丰富的听觉信息,建立牢固的听觉反射是婴幼儿期的重要发展任务之一。听觉神经位于大脑的第二基本功能区,在婴幼儿阶段,环境刺激对整个第二基本功能区的发育发挥着决定性的作用。婴幼儿在感受音乐的过程中,能够从听知觉角度接受、分辨、理解、整合大量的信息,包括音色、音调、音高、时值、节奏、旋律、结构、情感等,因此能够显著促进大脑第二基本功能区的发育,从而为未来人脑的更高功能发育奠定基础。

二、音乐启蒙教育从微观上促进大脑的发育

大脑最基本的单位是神经元,神经元之间通过突触建立连接,构成庞大的神经网络。人们熟知的婴儿的脑重就是由神经元和神经突触决定的。神经生理学表明,在0—3岁婴幼儿阶段,神经元、神经突触飞速发育,脑重增加得很快。在2岁时,婴幼儿的脑重就达到了成人脑重的75%。

由神经元和神经突触交织构成的神经网络的复杂程度也意味着神经发育的完善程度。从图1可看出神经突触网络发育的规律,很显然,在6岁之前,是大脑神经网络发育最为快速的阶段,也是早期教育最可贵的阶段。

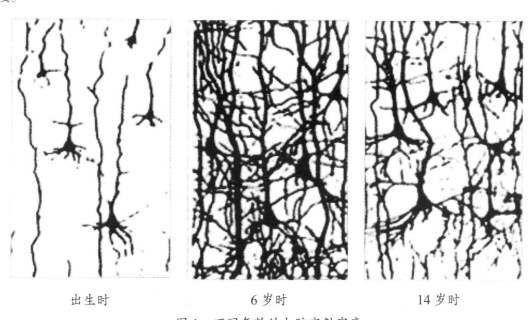

出生时　　　　　　　　6岁时　　　　　　　　14岁时

图1　不同年龄的大脑突触密度

（摘自杰西·勒罗伊·科内拉.《新生儿大脑皮层的发育》.哈佛大学出版社,1975）

三、音乐启蒙教育从左右脑优势互补角度促进大脑的发育

美国心理生物学家斯佩里博士（Roger Wolcott Sperry）通过著名的割裂脑实验，提出了大脑不对称性的"左右脑分工理论"，因此荣获 1981 年度的诺贝尔生理学或医学奖。正常人的大脑有两个半球，大脑两半球之间由胼胝体连接沟通，构成一个完整的统一体。但大脑两个半球分工有所不同，斯佩里的实验得出这样的结论：左半脑主要负责逻辑理解、记忆、判断、分类、分析、书写等，思维方式具有连续性、延续性和分析性。右半脑主要负责空间形象记忆、情感表达、视知觉、音乐鉴别、想象等，思维方式具有无序性、跳跃性、直觉性等。大脑左半球习惯做逐步分析，右半球偏向于整体直观。每一个半球都具有知觉、学习及认识系统。斯佩里的新发现打破了盛行一百多年的左半球是优势半球的传统观念。

如何才能开发右脑呢？主要途径就是向右脑输入信息、刺激右脑。在日常生活中，有很多办法可以训练右脑，一般可以分为两种情况：其一是有意识地调动眼、耳等感觉器官的活动，可以听乐曲和歌曲、看电视和电影、看图片和动画、观看表演、观看景物等，其二是有意识地加强左侧肢体的运动。

在婴幼儿期，孩子的左右肢分工并不明显，而且非常喜欢聆听各种类型的音乐，由此可见，婴幼儿时期可以称为开发右脑的最佳时期。婴幼儿学习音乐能够有效促进右脑发育，尤其是聆听音乐、感受音乐、用自己的行为动作来表现音乐。

需要强调的是，右脑开发的目的不是要用右脑思维代替左脑思维，而是为了最大限度地发挥右脑的优势，并更有效地将左右脑结合起来，以充分激发人脑的潜能。通过对职业音乐家的研究发现，音乐家的大脑胼胝体比普通人大10%—15%，胼胝体越大，越有助于提高左脑和右脑的信息传输速度。左右脑协同性更好，也更能提高大脑潜能开发。

第三章 婴幼儿音乐启蒙教育的方法

　　婴幼儿学习音乐的特点与学龄儿童不同,他们更多的通过倾听、体验和感受的方式来学习音乐。教育者们可以顺应他们的学习特点,将音乐同日常生活融合在一起,以此发挥音乐潜移默化的熏陶作用。比如,在宝宝起床时播放节奏欢快、具有动感的音乐,在宝宝快要入睡时播放舒缓轻松的音乐,在宝宝游戏时播放节奏性强、可操作性强的音乐激发他们游戏的动机。

　　为婴幼儿早期音乐能力发展提供支持的形式多种多样,最普遍的就是使用智能设备播放各种声音和不同风格的音乐作品。此外,母亲对孩子轻柔哼唱,亲子之间进行简单的音乐游戏等等,都是适宜的形式。

一、倾听

　　在婴幼儿音乐启蒙教育中,倾听应被放在重要的位置,因为听觉是音乐体验和学习的基础。婴幼儿各种生理器官都处于发育阶段,因此,给他们聆听的音乐应以优美、欢快、流畅的乐曲为主。同时还可以结合语言发展的需要,教他们学唱一些儿歌童谣。

　　对于婴幼儿而言,应将音乐融入他们的生活中,让他们在自然和谐的日常生活中接触和体验音乐。这不仅能培养婴幼儿对音乐的兴趣,还有利于其身心健康成长。

1. 音乐

　　音乐是一门听觉艺术,音乐认知活动必须依赖听觉。音乐在时间的流动中展开音乐形象,深化音乐内容,音乐的理解和创作需要通过音乐形象加以支撑。贝多芬(Ludwig van Beethoven)失聪之后仍能够继续创造伟大的音乐就在于他的大脑里储存着大量的音乐表象,凭着这丰富的音乐表象才能够创作出绝世名曲。

　　最早的音乐启蒙教育可以追溯至胎儿期母亲给孩子播放的胎教音乐。较早熟悉音乐的旋律便于孩子出生以后对音乐有天然的"亲切感"。婴幼儿,特别是婴儿,能够通过听音乐促进其听觉能力的发展。在听音乐的过程中,他们不仅能获得音乐艺术之美的熏陶,还能感受到娱乐的愉悦。听音乐可以配合孩子日常生活中的一些活动来进行,主要目的是为孩子创造良好的气氛和情绪,帮助孩子吃得香甜、睡得舒适、玩得愉快。同时,这也利用了孩子无意识记忆的特点,在他们的头脑中积累美好的音乐印象,为培养婴幼儿的音乐文化素养和音乐才能奠定良好的基础。

2. 母亲的歌(父亲的歌)

　　对婴儿来说,母亲的声音是他(她)最信赖、最喜欢、最愿意倾听的声音。母亲的歌声已经非常美妙,所以母亲无需担心自己的演唱能力。母亲唱歌时,可将婴儿抱在怀里、放在腿上或陪着婴儿入睡。这样,既有母亲与宝宝间亲密的肌肤接触,又有母亲的体味包围,再加上母亲的温柔声音,能够让婴儿拥有安全、温暖的感觉,并对婴幼儿的大脑产生极佳的影响。父亲也可以参与到亲子音乐互动中来。父亲的参与不仅可以加深与宝宝的情感联系,还能提供安全感,有助于宝宝形成健康的依恋关系。通过共同的音乐活动,父亲可以更好地了解和响应宝宝的需求,同时,这样的互动经历也能够丰富家庭生活,增进家庭成员间的亲密感和幸福感。

在父母教宝宝学唱之前，父母要反复多次地把歌曲唱给孩子听。给孩子留下较深刻的听觉印象后，再慢慢教他（她）唱，这样做，孩子往往学得比较快。在教孩子学唱时，应引导孩子观察父母的口型和面部表情，并跟着父母的歌声学唱，这样做可以帮助孩子领会内容，清晰准确地表达歌曲的内容和情感。

二、交流与互动

很多学业成就高、个性和谐的孩子们都拥有一些共同的性格特征，其中包括自信、乐观、有自制力等。婴幼儿时期良好的亲子交流，有助于形成良性的亲子依恋关系，促进婴幼儿各项能力的发展。在婴幼儿音乐启蒙教育中，互动歌曲、音乐游戏、律动、体操这类亲子交流活动的形式与内容占据非常重要的地位。

1. 亲子互动歌曲

动作类互动歌曲深受婴幼儿喜爱，例如：《摇呀摇》《抓呀抓》《开步走》《亲亲我》《摇荡鼓》《坐起来，躺下去》《抱皮球》《你在哪里呀》等。由于这类歌曲带有丰富的形象化动作、手势以及歌唱互动，这对于幼儿的语言学习具有非常重要的作用。儿童能在咿呀哼唱这些歌曲时，通过单词和对应动作的配对情境，学习特定的语言元素。

家长可与婴幼儿一起听音乐、唱歌、进行亲子音乐活动，如："坐起来，躺下去""摇荡鼓""听音"。家长还可以引导婴幼儿有节奏地拍手、敲击，并参与"躲猫猫"等游戏。家长要用爱心来开启婴幼儿的音乐之门，帮助婴幼儿感受音乐的乐趣，进行音乐体验。

这些内容丰富且形象生动的互动歌曲，可以通过言传身教被一代代传承下去，对婴幼儿的健康成长发挥着极为重要的作用。

2. 亲子音乐游戏

音乐游戏是在音乐伴随下进行的游戏活动。它与其他游戏活动的主要区别在于使用音乐来配合、指挥、促进、制约游戏活动及其变化和发展。在音乐游戏中，音乐与游戏活动的关系是互相促进、相辅相成的。动作与音乐相结合，使游戏变得更加生动、活泼、协调、优美。同时，这些动作又能帮助幼儿具体形象地感受、理解音乐，获得相应的情绪体验，促进智力与才能的发展。

父母可在家里为孩子创设一个轻松愉快的音乐环境，如经常或者定时播放音乐。家长还可以根据孩子"直觉行动思维"（以动作来表达和理解内容）的特点引导孩子随着音乐唱唱、跳跳、玩玩，把音乐和游戏融入孩子的日常生活之中。

父母可以在音乐伴随下，与孩子一起开展游戏活动，如："听音蹲下""蚊子咬我了""碰碰车""小白兔和小乌龟"等。这些活动能培养和发展幼儿的智力和才能，协调和发展幼儿的肢体动作，促进幼儿在德、智、体、美各方面健康成长。这也是符合婴幼儿年龄特点并且行之有效的一种音乐启蒙教育方式。

3. 律动与模仿操

在婴幼儿教育的传统观念中，存在着重知识轻运动的观点，这是一种认识的误区。在人的成长过程中，身体成熟是第一位的。婴儿的骨骼、关节、肌肉由瘦弱、稚嫩、娇小发展到粗壮、有力和结实，这一过程离不开运动的加强。成人在注重孩子知识、技能学习的同时，一定要督促他们加强体育运动。音乐伴随下的肢体活动，是一种能引起孩子兴趣并使他们愿意参与的活动方式。婴幼儿在律动和体操中，不断发展手脚协调能力和活动能力，同时感受和体验音乐的节奏与韵律。

婴幼儿主要通过感官及身体动作来探索周围世界，在看、听、抓、滚、爬的过程中，逐渐了解周围的环境。随着年龄的增长，婴幼儿逐渐学会了摆弄物体，逐渐拥有了语言能力。至于动作技巧的发展方面，他们则是对自己的身体，以及自己的身体能做什么，慢慢有比较清楚的认识。根据婴幼儿的这些特点，我们可以根据不同的阶段，有针对性地开展相应的音乐活动。

在 6—12 个月的月龄段,可以为婴幼儿播放一些节奏轻缓的律动音乐,并进行"被动操""主、被动操",使婴幼儿通过身体律动感受音乐节奏。

在 13—24 个月的月龄段,婴幼儿可以开始配合节拍做轻微、缓慢的"主动操",如"五官操""礼貌操""模仿操"等。

而到了 24 个月的月龄段以后,就可以选用"拍手点头""小腕花""小白兔蹦蹦跳""碎步""小鸟飞呀飞""小鸭走""马儿跑"等律动音乐训练婴幼儿的动作能力。

一般认为,在 3 岁之前,婴幼儿能够感知稳定的节拍,也能依照稳定的节拍行走。这种基本律动感是让婴幼儿获取早期基本动作技巧的主要能力,因此简单的动作经验能促进婴幼儿动作技巧的发展。

在音乐伴随下进行动作或舞蹈,目的是引导孩子随着音乐的节拍、节奏、速度和情绪做动作,并能够随着音乐的变化而变换动作。在做动作时,身体能通过运动神经去感知音乐艺术美,同时,通过协调优美的动作,去表达音乐的内容情绪,促进孩子身心的健康发育。

4. 其他

家长可以和婴幼儿一起玩制造各种声音的游戏,如:让婴幼儿配合音乐用小木棒敲击桶、锅、盆、陶器等物品的底部,来体验独特的音色;和婴幼儿一起将沙子、小石头装入废弃的纸盒或小瓶中,做成各种小"沙锤",让婴幼儿用"沙锤"来拍打节奏;家长可以准备多个同样的碗或玻璃瓶,分别装上不同量的水,引导婴幼儿用汤匙轻轻敲打,倾听它们发出声音(音高)有无区别;家长还可引导婴幼儿用不同材质的物品,如玻璃纸、纸袋等发出声响,感受音色的变化。这些家庭小游戏都能够不同程度激发儿童对声音的好奇,发展他们的创造性。

同时,家长也可以带领婴幼儿聆听大自然的声音,如:风、雨、雷、电、海浪、鸟鸣、小溪流水等,以拓宽婴幼儿的知识面,丰富他们的想象力。

第四章　婴幼儿早期音乐启蒙教育的注意点

一、确立正确的育儿观

我们培养孩子的目标应该是希望他们成为身心健康、品德高尚、人格完善的人。对于婴幼儿来说，音乐启蒙教育并不一定能使他们成为从事音乐工作的专业人士。但是，音乐启蒙为婴幼儿提供的丰富感官刺激和运动体验，对他们各种学习能力的发展具有持久的影响。

音乐启蒙教育的目的是让孩子感受音乐，通过潜移默化的方式提高他们的综合素养及审美能力，培养对"美"的追求。这样，孩子不仅能增强自身的审美能力，而且能体会和联想音乐中所传达的感情，从而感受生活的美好。

二、教材的选择

在选择婴幼儿音乐启蒙教育的教材时，需注意教材的难易程度。教材应符合孩子的年龄特点、兴趣爱好和接受能力，并留有适当的提升空间。

编者认为，婴幼儿启蒙教育应该采用苏联心理学家维果斯基（Lev Vygotsky）提出的"最近发展区"原则，即认为学生的发展有两种水平：一种是学生的现有水平，另一种是学生的可能发展水平，两者之间的差距就是最近发展区。因此教学应提供有难度的内容，激发学生的潜能，调动其积极性，从而进入更高的水平。对音乐启蒙而言，同样应遵循这一原则，让孩子从小接受优美、明朗、向上的音乐熏陶，并不断提高音乐的难度和层次，从而助力孩子健康成长。

具体来讲，音乐启蒙教育的实际操作中需要注意以下三方面的内容。

1. 挑选音乐作品

引导孩子学唱和欣赏的音乐作品，其内容和情感应当是孩子可以理解和感受的，思想感情应当是健康活泼的，旋律应是动听的，为孩子所喜听乐唱的。例如：《我的宝宝要睡觉》《你在哪里呀》《亲亲我》《睡眠曲》《森林里》《摇到外婆桥》《逗狗》《欢迎曲》《美丽的小花伞》《好娃娃》《礼貌歌》《大苹果红艳艳》等。

建议不要教孩子唱父母喜欢的成人歌曲，因为成人歌曲的内容和情感，往往是孩子难以理解和感受的，歌曲的音域、节奏以及演唱技巧也是孩子难以胜任的。

2. 选择婴幼儿歌曲的音域

音域是指一个人所能发出的最低音到最高音的跨度。音域的范围与年龄、性别、发育情况，声带大小、弹性和张力，以及是否接受过专业训练及训练时间长短有直接的关系。

在婴幼儿期，发音器官"喉"位于颈部较高的位置，其体积仅为成年人的 $\frac{1}{3}$ — $\frac{1}{4}$。随着儿童的生长发育，喉在颈部的位置逐渐下降，体积缓慢增大，调节发声的神经系统也日趋成熟和完善，喉逐渐完成了其结构和功能的发育。在婴幼儿时期，孩子的声带长度仅6—8毫米，有时甚至更短，并且声带上皮缺乏纤维成分，肌肉层也不发达。受这些生理结构的影响，婴幼儿的发声音域往往只有三至四度。

现实中，很多家长并不了解婴幼儿在这一时期的嗓音特点，如果孩子模仿学习不适合的歌曲（音域过宽），超出了喉的承受能力，声带往往会因过度紧张和用力发声而受损，继而出现嗓音变粗、嘶哑，甚至影响成年后的嗓音质量。在严重情况下，还可能导致急性喉炎、声带小结等疾病。因此，选用亲子歌曲时应充分考虑婴幼儿的生理特点。本教材中所有创作或改编的婴幼儿歌曲的音域,基本上在三至五度音域之内。

考虑到婴幼儿的发声器官较为柔嫩、脆弱,因此,对童声的训练必须注重其生理和心理的发育特点,采用科学自然的方法,以轻声、柔声训练为主。在起音练习时,先从高音区开始,再练中、低声区;先练断音,后练连音;先练闭口音,再练开口音;先练下行,后练上行;音色要先柔后刚;音量要先弱后强。运用娱乐性和趣味性相结合的手段,使婴幼儿在生动的音乐形象和愉快的节奏中体验歌唱的艺术魅力,提升音乐感受力。

3. 关注婴幼儿的嗓音健康

在婴幼儿期和学龄前期阶段的儿童,常常会因为罹患上呼吸道感染而出现声音嘶哑的表现。在大多数情况下,这种声音嘶哑是可治愈的,经过医院积极的治疗,随着呼吸道症状的好转,儿童又会恢复原来甜美的嗓音。据医学研究统计发现,真正引起儿童嗓音障碍的原因是一些以功能不良为表现的声带疾病,如儿童声带小结(占 70%—80%)、儿童声带先天性病变(占 6%—10%)、儿童喉乳头状瘤等。借此机会,编者向大家作一简单介绍,如您的孩子出现类似的情况,请及时到专科医师处就诊。

儿童急性喉炎是婴幼儿和学龄前期儿童因呼吸道感染引发声音嘶哑最常见的疾病。尤其是 3 岁以下的婴幼儿,除了有严重的声音嘶哑外,多伴随有明显的全身症状。由于这个年龄阶段儿童的喉体狭小,且该处的组织很容易因炎症发生水肿,形成声门狭窄,引起呼吸困难,因此如不及时治疗会引起儿童窒息死亡。临床中已有该种疾病引起儿童死亡的病例,令人痛心,家长们千万引以为戒。

儿童声带小结是引起儿童长期声音嘶哑的最常见原因。由于过度用力发声或不良发声行为没有得到及时的控制,长期持续存在,最终导致声带黏膜损害,形成声带边缘的突起(即声带小结)。因男孩喜欢高声喊叫,性情急躁好动,其发病率常高于女孩 2—3 倍,常常表现为声音嘶哑、粗糙,说话音调降低,失去了儿童特有的清脆明亮的音色。说话越多嗓音嘶哑程度越重,儿童常见因周末被家长控制发声,到星期一声音嘶哑好转,之后上学直至周末时,嗓音嘶哑程度又加严重。此外,如儿童一味模仿成人流行歌手的唱歌方式和学习音域过宽的成人歌曲,也会引起声带的过度疲劳和损害,导致声带小结的发生。

儿童声带先天性病变最常见的是声带表皮样囊肿和声带沟。这类疾病可能在儿童很小的时候就已经存在了,常表现为声音粗、音调低、嗓音中有轻微的气息声。在专科医师确诊后多使用发声训练来帮助儿童改善嗓音质量。

儿童喉乳头状瘤的发病多集中在婴幼儿和学龄前期,这种疾病在儿童狭小的喉腔中表现为赘生苍白色或粉红色、表面粗糙不平的乳头状肿物。初期会导致患者声音嘶哑,随后因肿物生长迅速堵塞喉腔导致呼吸困难。

为了保护婴幼儿的嗓音健康,在日常生活中,我们应尽量避免孩子学唱他们“喉”和“声带”无法承受的流行歌曲和成人歌曲。对于从事学前教育的工作者,必须在教学实践中给予正确的指导和宣传。

三、亲子活动的设计

亲子活动有助于增进亲子交流,培养良好的亲子感情,也能够满足孩子爱玩的天性,促进孩子多方面发展。对于婴幼儿来说,亲子活动应该更多考虑孩子身心全面发展的特点以及音乐活动的综合性。

在亲子活动中,选用适宜孩子的音乐和歌曲,将使得亲子活动在培养孩子的快乐情绪和艺术素养方面具有更加突出的作用。同时,设计亲子音乐活动,也应考虑到孩子在感知、运动、语言、行为习惯以及认知和社会性情感等多个领域的发展需求。

本教材从音乐启蒙的专业角度出发,不仅在音乐与歌曲的选择上,充分考虑了婴幼儿年龄和生理特点,同时也本着促进婴幼儿各方面能力发展的原则,设计了丰富的、操作性强的亲子活动方案,力求给人以耳目一新的感受并激发婴幼儿对音乐的兴趣。

第五章　积极发展我国婴幼儿早期音乐启蒙教育

一、关于"莫扎特效应"

莫扎特(Wolfgang Amadeus Mozart)是奥地利伟大的作曲家,他出生于奥地利萨尔茨堡的一个音乐家庭,3岁接受启蒙教育,4岁学钢琴,5岁开始作曲,6岁与其姐在欧洲各国献演,8岁创作了自己的第一批奏鸣曲与交响曲作品,11岁完成了第一部歌剧。莫扎特从小显露出非凡的音乐天才,他的才华曾轰动整个欧洲。

1993年,美国心理学家弗朗西斯·罗斯彻(Frances H. Rauscher)曾以大学生为实验对象做过一个非正式的前期研究,实验变量是莫扎特《D大调双钢琴奏鸣曲》。实验组的方式是单纯欣赏音乐,控制组则不使用任何音乐。在短暂的试验后,实验组学生的空间—时间物理测验成绩高出其他组8—9个百分点。

1994年8月13日,在洛杉矶召开的美国心理学学会第102届年会上,罗斯彻又公布了另一项重要的实验研究成果——《音乐与空间课题操作:一种因果关系》——学习音乐能够提高儿童的推理能力。而在这项研究中受试的,是学龄前儿童。

美国大众传播媒体对以上实验研究成果进行了广泛宣传和极力渲染,并将其命名为"莫扎特效应"使之广为人知。须注意,这里提到的"莫扎特效应",并不是仅限于莫扎特音乐,而是泛指音乐的影响。

美国的研究人员曾向婴幼儿播放巴赫(Johann Sebastian Bach)、贝多芬、勃拉姆斯(Johannes Brahms)的乐曲,并由"促进婴幼儿教育学会"进行观察对比。结果证明,听音乐的婴幼儿紧张情绪减少,体重增长快。这表明在良好的音乐教育和音乐环境中,音乐对婴幼儿的身心健康有积极影响。

若干年后,奥地利维也纳大学发表声明称,该校心理学院的一个研究团队搜集整理了自1993年以来寻求验证"莫扎特效应"的相关研究报告,尽管没有找到任何证据表明这种现象确实存在,但该研究团队的带头人雅各布·皮奇尼希(Jakob Pietschnig)在接受记者采访时表示:"与什么都不听的对照组相比,那些听了音乐的人——不论听的是莫扎特,还是巴赫或'珍珠果酱'乐队什么的——表现得都更好。"

随着全球文化交流的加深,国外被认为成功的经验陆续传入国内。一些出版商也开始将西方古典音乐的作品推向市场。然而,受限于这些作品的复杂性及地域文化的差异,它们在国内并没有得到广泛的普及和推广。很多早教机构和幼儿园以及广大家长,普遍认为直接从国外引进的经验和作品往往难以完全适应我国的教育环境和文化背景。

如何"洋为中用"?如何根据我国的国情,走一条国际化、本土化、系统化的道路?是摆在广大早期教育工作者和音乐工作者面前的严峻课题。

近年来,我们对巴赫、舒伯特(Franz Schubert)、勃拉姆斯、莫扎特、贝多芬、柴科夫斯基(Pyotr Tchaikovsky)、汤普森(John Thompson)等作曲家的经典作品进行了深入分析,并挑选风格接近孩子心理需求、容易为婴幼儿所喜欢的乐曲与歌曲进行改编。同时我们也创作了一大批舒缓、欢快、柔美、宁静,以及充满中国元素的乐曲,适合0—18个月的月龄段婴幼儿休闲、活动、喂养时作为轻音乐播放。使用这类背景音乐,有助于促进宝宝心智的开发。

我们还将舒伯特、勃拉姆斯以及东北民歌中的摇篮曲,重新进行配器和演奏,改编成优雅、恬谧的催眠曲,帮助宝宝在美妙的音乐氛围中轻松入睡。

随着婴幼儿的成长发育,感知、认知程度的不断提高,我们特别将 19—42 个月的月龄段作为教育、培养婴幼儿各项能力的关键时期,创作、改编了一批音乐形象丰满、音乐特征鲜明,且具有浓郁民族风格的乐曲,供广大老师、家长使用,从而增强婴幼儿的识别力和想象力。

在我国丰富多彩的曲库中,广大的家长以及奋斗在第一线的早期教育工作者可以在这片浩瀚的音乐海洋里,根据婴幼儿的不同需求挑选风格迥异、浅显易懂的乐曲,为婴幼儿创造优良的音乐环境。

希望这种"莫扎特效应"能在未来科学研究中得到深入探讨,特别是在音乐与大脑功能、大脑发展之间的关系方面。随着脑科学和脑功能检测技术的进步,我们期待更深入的了解和发现。

二、本教材对婴幼儿音乐启蒙教育的支持

圣约翰大学心理学专家杰佛理(Jeffrey Fagen)和他的同事发现,3 个月大的婴儿能够以音乐作为线索来记忆事物。在一项实验中他们让婴幼儿聆听音乐的同时给他们展示一个汽车模型,以此来测试他们的记忆能力。7 天后,当播放同一首乐曲时,婴儿能够较好地回忆起汽车模型。而播放其他音乐时,其记忆效果则不是太好。这一发现为父母通过音乐向孩子传递记忆信息提供了一个极好的方法。

婴幼儿大脑中感受和欣赏音乐的脑区,同时还关联着在青少年和成年期进行复杂运算或建筑设计的能力。他们在成长过程中,会越来越敏锐地辨别乐音,还会越来越熟练地发出自己悦耳的童声。为了让孩子体验音乐的美好,我们不仅要让孩子感觉到音乐的悦耳之处,还要让孩子学着体会音乐中传达的情感,鼓励他们发挥想象力进行联想。

如何让我们的宝宝在丰富多彩的音乐世界里畅想、在浩瀚无垠的音乐海洋里遨游?

本书提供了许多可参考的实用教案。我们以月龄为阶段,每 6 个月为 1 个月龄段。在 0—18 个月的 3 个月龄段中,考虑到母婴之间特殊的依恋关系,我们精心挑选了六首摇篮曲,便于妈妈抱着孩子轻轻哼唱。

此刻,婴幼儿置身于母亲的怀抱之中,既有母子的肌体接触,还有熟悉的体味相融,再加上妈妈的美妙哼唱,促使宝宝体会到人生最初的美好"感受"。这种存在于大脑中的早期"感受",会对婴儿大脑的发展产生极佳的影响。婴幼儿迅速适应这种环境,熟悉并喜欢母亲哼唱的声音,这不仅使得婴幼儿非常容易安心入睡,还在他们幼小的脑海中无意间植入了音乐的记忆。

根据这一月龄段婴幼儿的生理特征和发育特点,我们挑选、创作了一批音域在三—四度的亲子互动歌曲。我们认为,如果所选歌曲音调过高或者音程跳动太大,会使宝宝感到过度刺激。通过这些亲子互动歌曲的训练,将音乐刺激和动作练习相结合,可以发展宝宝的手脚动作和手眼协调能力,提高节奏感,增强平衡能力。我们还可以在这 3 个月龄段中加强"婴幼儿被动操""婴幼儿主、被动操""五官操""礼貌操"的训练。在音乐的熏陶下,这些活动有助于促进宝宝的肌肉、骨骼和关节发育。

19—42 个月的 4 个月龄段中,为了帮助宝宝打开精彩的外部世界,我们创作、选编了一批音域在四—五度的歌曲,让婴儿逐步体会音乐韵律中活泼与舒展情绪的对比。通过对歌曲的学唱,可以培养宝宝对自然的热爱、对音乐的热情、对长辈的关爱、感恩的心态、爱心以及想象力。

音乐是大脑的营养剂,孩子从音乐中能够逐步感知和理解其中所蕴含的情感,体会音乐给人带来的快乐和忧伤。这样的体验有助于孩子们培养健全的人格、丰富的感情和良好的素质。在这 4 个月龄段,我们安排了八首听赏音乐,旨在通过这些作品中饱满的音乐形象和鲜明的音乐特征,来丰富孩子们的想象力。

动作活动能有效刺激大脑、协调左右脑,是智力开发的有效手段。著名心理学家皮亚杰(Jean Piaget)认为:"儿童智力起源于动作。"婴幼儿成长初期,当语言和行为能力还没有完全发育的情况下,他们主要依靠肢体动作了解身边世界,探索和学习外部环境,并通过此来表达自己的意图和情感。因此,在 19—42 个月的月龄段中,我们逐步加入"模仿操""律动""打击乐""舞蹈"等动作训练内容。通过音乐与动作的结合,

以及利用音乐的节奏和旋律,我们旨在增强婴幼儿的动作协调性,激发他们的感知和认知能力。

在音乐的伴随下做动作是孩子们非常感兴趣的一种活动。这种活动不仅能够促进骨骼、关节、肌肉的发育,同时也能让孩子们感受并体验音乐的节奏和韵律。

通过"表演唱"和"音乐游戏",老师和家长可以引导孩子随着音乐唱唱、跳跳、玩玩,把音乐与玩耍、表演融入孩子们的生活之中。根据孩子"直觉行动思维"的特点,他们能够用简单的形体动作来表达自己的思想。我们可以利用这一特点培养、发展幼儿智力才能,发展幼儿的动作协调能力。这类活动不仅是促进婴幼儿心、智、体、美各个方面健康成长的良好手段,也是符合婴幼儿年龄特点并深受他们喜爱的一种音乐启蒙教育方式。

三、积极发展我国婴幼儿早期音乐启蒙教育

音乐是生命的旋律。有了音乐,生命才如此丰富、厚重;有了音乐,生命才如此美妙动人。目前,在欧美等发达国家,婴幼儿音乐启蒙教育被视为重要的研究课题,受到了越来越多的重视。

基于对前面所提及的相关理论研究成果的深信不疑,美国佐治亚州前州长泽尔·米勒(Zell Bryan Miller)曾建议:作为该州预算计划的一部分,每年拿出10.5万美元让该州所有新生儿(每年约10万名)出院回家的时候,带上一张古典音乐激光唱片或磁带。

英国则推行"音乐一对一计划",该项目致力于探索适合2岁以下儿童发展的教育实践,将最新的婴儿音乐理论应用到教育实践中,支持父母及照料者采用更适宜的教育方法。项目首先搜集包括父母的音乐活动日常、对家庭音乐生活的态度、教师的教育方法等信息,从而探讨如何将音乐融入2岁以下儿童的日常生活。

澳大利亚的研究人员研究了亲子歌曲作为连接母婴间音乐纽带的意义,探讨了音乐如何成为亲子活动的一部分,研究从以下方面入手:母亲的音乐育儿方式;音乐对母亲的观念、情感以及身份认同感的影响;母亲通过音乐游戏和表演与孩子形成的互动类型和相互关系。

许多国家对婴幼儿的音乐教育给予高度重视,相继提出各具特色、符合本国特点的0—3岁婴幼儿音乐启蒙方案。

我国的婴幼儿音乐启蒙教育相比于发达国家起步较晚。目前,我国正努力发展并完善体现国情特色的教育体系和教育大纲。特别是在农村地区,婴幼儿音乐启蒙教育仍需加强和推广。

当前,我国在婴幼儿启蒙教育领域的专职、半专职从业者,以及早教机构和家庭教育工作者还相对较少。与我国日益强大的国际地位、飞速发展的经济水平,以及对各方面人才的大量需求形成了一定的差距。在这种背景下,为婴幼儿提供优质教育已成为广大家长的强烈愿望。越来越多的中国家庭开始重视对婴幼儿的音乐启蒙教育。因此,加强和改进我国的婴幼儿音乐启蒙教育,以适应我国经济和社会的快速发展,已成为音乐工作者、学前教育工作者以及幼儿园、早教机构需要面对的重要任务。这将对儿童的健康成长和全面发展产生长远影响。

我们基于对科学理论的理解以及对婴幼儿身心发展需求的尊重,开发了既具有国际视野又适应我国国情、操作性强的实用教材。我们真诚地希望广大婴幼儿教育工作者及音乐界同仁提出宝贵意见,共同推动我国婴幼儿音乐启蒙教育的进步。

实 践 篇★

扫码解锁
配套音频

第六章 0至6个月的音乐熏陶

一、摇篮曲

1.眼睛闭闭好

刘明将词曲
胡济良改编

1=F 3/4

(6 5 6 | 5 - - | 5 - - | 5 0 0 | 6 5 6 | 5 - - |

5 - - | 1 2 3 5 | 6 5 3 | 2 1 6. | 1 - - | 1 - -)|

1 - 2 | 3 - - | 3 - 2 | 1 - - | 1 - 3 | 2 - 1 |
风　不　吹，　　树　不　摇，　　鸟　儿　也　不

2 - - | 1 - 2 | 3 - - | 3 - 2 | 1 - - | 1 - 3 |
叫，　　小　宝　宝　　要　睡　觉，　　眼　睛

I.
2 - 2 | 1 - - | 1 (5. 6. | 1 - 2 | 3 - - | 3 - 2 |
闭　闭　好。

1 - - | 1 2 3 | 6 5 3 | 2 - - | 1 - 2 | 3 - - |

II.
3 - 2 | 1 - - | 2 5 3 | 2 1 6. | 1 - - | 1 - -) : || 1 - - |
　　　　　　　　　　　　　　　　　　　　　　　　　　　　　好。

1 (5. 6. | 3 - - | 2 - - | 1 - - | 3 - - | 2 - - | 1 - - |

3 - - | 2 - - | 1 - - | 3 - - | 2 - - | 1 - - | 1 - -) ||

学习目的：让宝宝体验三拍子的节拍韵律,初步感受在轻柔歌声中入睡的美好意境。

操作提示：家长边哼唱边哄宝宝入睡,注意三拍子的节奏,长音要保持,强弱要适当。

2. 我的宝宝要睡觉

蒋振声词曲

1=F 4/4

稍慢、甜美、安静

（6. 5 3. 5 | 6. 5 3 - | 2 3 5 3 3 2 1 6 | 1. 2 1 -) |

6. 5 3. 5 | 6. 5 3 - | 2 3 5 3 3 2 1 6 | 1. 2 1 - |
啊　　　　　　　　　　　嗯

‖: 2 3 2 1 6 | 2 3 2 1 6 | 2 3 3 5 3 3 2 1 6 | 2. 3 2 - |
1.2. 晚 风 儿 吹 来， 柳 条 儿 摇 晃， 枝头的小鸟轻 轻 歌 唱。

2 3 2 1 6 | 2 3 2 1 6 | 2 3 5 3 2 1 6 | 1. 2 1 - |
月 儿 弯 弯， 星 星 闪 闪， 我的宝宝快要睡 觉。

1.
（6. 5 3. 5 | 6. 5 3 - | 2 3 5 3 3 2 1 6 | 1. 2 1 -) | 6. 5 3. 5 |
啊

6. 5 3 - | 2 3 5 3 2 1 6 | 1. 2 1 - :‖ 2 3 5 3 2 1 6 | 1. 2 1 - ‖
嗯　　　我的宝宝要睡 觉。　　　　　2.　我的宝宝要睡 觉。

学习目的：让宝宝体验歌曲中四拍子的节拍韵律，提高其对摇篮曲舒缓情绪的感受力，为宝宝安静入睡做准备。

操作提示：这首歌飘洒着月光般的母爱光辉，风儿、小鸟、月儿、星星以及"吱吱"的摇篮声，给我们带来无限的遐想……哼鸣时发声位置要高，整首歌曲应表现出母亲在晚风中抱着宝宝轻轻摇摆的韵律，演唱时要连贯、优美，以增进母婴之间的依恋情感。

二、亲子音乐活动

1. 坐起来，躺下去

阮　婷词曲

1=C 4/4

稍慢

| 1 1 2 | 3 1 2 | 3 5 3 5 | 3 1 2 | 1 1 2 | 3 1 2 |
坐 起 来，躺 下 去， 坐 起 来呀 躺 下 去， 坐 起 来，躺 下 去，

| 3 5 3 5 | 2 3 1 | 2 3 1 0 ‖
宝 宝 浑 身 有 力 气， 有 力 气。

学习目的：训练宝宝的腰肌和上臂力量。

操作提示：在唱这首歌的同时，和宝宝一起玩"拉坐起"游戏。首先让宝宝仰卧在床上，家长握住他（她）的双手手臂，一边唱歌一边慢慢将宝宝从仰卧位拉到坐位，然后再慢慢让宝宝躺回去。进行这一音乐活动时，注意速度不宜太快。

2. 叮 铃 铃

阮　婷词曲

1=♭B 3/4

| 3 5 5 | 3 5 5 | 6. 5 6 | 5 — — | (6. 5 6 | 5 — —) |
叮 铃 铃，叮 铃 铃，叮 铃 铃，

| 1 3 3 | 1 3 3 | 5. 1 3 | 2 — — | (5. 1 3 | 2 — —) |
叮 铃 铃，叮 铃 铃，叮 铃 铃，

‖: 1 1 1 | 3 3 3 | 2 2 2 | 5 5 5 :‖ 3. 1 2 | 1 — 0 ‖
叮 铃 铃，叮 铃 铃，叮 铃 铃，叮 铃 铃 叮 铃 叮 铃。

学习目的：发展宝宝手部抓握和手眼协调能力。

操作提示：在亲子音乐活动中，家长可以选择颜色鲜艳或是结构简单的玩具铃铛，以吸引宝宝的注意力，让他（她）关注声音。同时，家长可以握住宝宝的小手，鼓励他（她）尝试自己摇动铃铛发出声音。

3. 摇 呀 摇

1=C　2/4

阮　婷词曲

$\underset{\text{摇}}{\dot{6}}\cdot\underset{\text{呀}}{\underline{1}}$ $\underset{\text{摇}}{\dot{6}}\underset{\text{呀}}{1}$ | $\underset{\text{摇}}{3}$ $-$ | $\underset{\text{我}}{\dot{5}}\cdot\underset{\text{的}}{\underline{3}}$ $\underset{\text{小}}{5}\underset{\text{宝}}{3}$ | $\underset{\text{宝}}{2}$ $-$ | $\underset{\text{摇}}{\dot{6}}\underset{\text{呀}}{1}$ $\underset{\text{摇}}{\dot{6}}\underset{\text{呀}}{1}$ |

$\underset{\text{多}}{\underline{3}}\underset{\text{快}}{1}$ $\underset{\text{乐}}{2}$ | [1. $\underset{\text{多}}{5}$ $\underset{\text{快}}{3}$ | $\underset{\text{乐}}{2}$ $-$:|| [2. $\underset{\text{多}}{5}$ $\underset{\text{快}}{1}$ | $\underset{\text{乐}}{2}$ $-$ ||

学习目的: 发展宝宝平衡能力,建立良好的亲子依恋关系。

操作提示: 在亲子音乐活动中,家长可以抱着宝宝,左右摇晃他(她)的身体,也可以把宝宝抱起,面对宝宝,前后摇晃他(她)的身体,这样不仅能让宝宝感受到音乐的律动,同时也有助于增进亲子感情,建立起良好的依恋关系。做上述音乐活动的时候,摇晃动作需轻柔。

4. 抓 呀 抓

1=C　2/4

阮　婷词曲

$\underset{\text{抓}}{\underline{1}}\underset{\text{呀}}{1}$ $\underset{\text{抓}}{\underline{2}}\underset{\text{呀}}{2}$ | $\underset{\text{抓}}{3}$ $\underset{\text{呀}}{3}$ | $\underset{\text{抓}}{\underline{3}}\underset{\text{呀}}{3}$ $\underset{\text{抓}}{\underline{5}}\underset{\text{呀}}{2}$ | $\underset{\text{抓}}{3}$ $\underset{\text{呀}}{3}$ |

$\underset{\text{宝}}{\underline{5}}\underset{\text{宝}}{5}$ $\underset{\text{抓}}{\underline{3}}\underset{\text{呀}}{3}$ | $\underset{\text{快}}{\underline{2}}\underset{\text{快}}{3}$ $\underset{\text{抓}}{3}$ | $\underset{\text{抓}}{\underline{2}}\underset{\text{呀}}{2}$ $\underset{\text{抓}}{\underline{3}}\underset{\text{呀}}{2}$ | $\underset{\text{抓}}{1}$ $\underset{\text{呀}}{1}$ ||

学习目的: 掌握抓握的技能,帮助宝宝增强对不同物品的感知能力。

操作提示: 在亲子音乐活动中,家长可以抱着宝宝,让他(她)抓平时自己喜欢的,或是色彩鲜艳的玩具,促进宝宝抓握能力的发展。家长要经常鼓励宝宝主动去抓握、碰撞物品,使物品摆动或发声,这样不仅有助于宝宝掌握抓的技能,体验到成功的喜悦,更能让他(她)把看、听、触等多种感觉联系起来,锻炼完整的事物感知力。

5. 摇 荡 鼓

阮　婷词曲

1=♭D 2/4

| 3 5 | 5 | 3 5 | 5 | 4 4 | 3 2 | 1 | 2 |

咚　嗒　嗒　咚　嗒　嗒，　咚　咚　嗒　嗒　咚　嗒，

| 3 5 | 5 | 3 5 | 5 | 4 4 | 3 2 | 1 | 0 ‖

咚　嗒　嗒　咚　嗒　嗒，　咚　咚　嗒　嗒　咚。

学习目的：促进宝宝视觉神经的发育，提高抓握动作的精确和协调。

操作提示：家长可以面对宝宝，边摇拨浪鼓边演唱，在歌声和鼓声中鼓励宝宝用眼睛跟踪并主动抓取拨浪鼓，当宝宝成功时给他（她）一个亲吻作为奖励。这样的活动不仅可以启发宝宝对音乐的兴趣，同时也能促进综合感官的发展。

6. 听 音

约翰·汤普森曲

1=F 3/4

| 3 3 3 3 3 | 5 5 5 5 5 | 4 4 4 4 | 2 － － |

| 3 3 3 3 3 | 5 5 5 5 5 | ♯4 4 3 2 | 5 － ♮4 |

| 3 3 3 3 3 | 5 5 5 5 5 | 4 4 4 4 | 2 － － |

| 3 3 3 3 3 | 1 1 1 3 | 5 4 3 2 | 1 － － ‖

学习目的：增强宝宝听觉跟踪能力，帮助他们建立声音与物体之间的联系，构建听觉经验。

操作提示：家长可以将这段音乐唱出并录制，然后使用智能设备播放，以引起孩子的注意。让他（她）寻找声音是从哪里来的，一直到他（她）能辨认出声音的方向为止，然后再将设备移到另一个地方，重复此过程几次。

三、婴儿被动操（3至6个月）

3至6个月大的宝宝每日应做1—2次被动操，做操前保教人员应将宝宝放在教养床上，脱去其外套和鞋子，并换好纸尿裤，然后使宝宝平躺下来。保教人员站在靠近宝宝脚部的位置，跟随音乐节奏给宝宝做操。

1. 动作要轻柔，边做边逗引，使宝宝情绪愉快。

2. 对新入所的宝宝或体弱宝宝可选择部分操节，不强求完成全程操节，应循序渐进。

3. 保教人员在帮助宝宝做操前应先洗净双手，冬季应先将手温暖后再做操。

4. 做操应在喂奶前半小时进行，做操后要让宝宝及时补充水分，安静休息20分钟左右。

婴儿被动操分为三个部分，其中1—4为上肢运动，5—7为下肢运动，8为全身运动。

音乐由上海市总工会与上海市托幼协会共同委托创作。邓融和担任作曲，胡济良负责改编。

1. 两手胸前交叉

1=G 2/4

① 3. 4 3 2 | ② 1. 2 1 7 | ③ 6. 7 1 7 6 | ④ 5 — |
一 二 三 四 五 六 七 八，

⑤ 5. 1 3 5 | ⑥ 4. 3 2 6 | ⑦ 5. 6 7 5 | ⑧ 1 — ‖
二 二 三 四 五 六 七 停。

预备姿势： 成人双手握住宝宝双手的腕部，让宝宝握住成人的拇指，并将宝宝的两臂放于其身体两侧。

动　　作： 第①小节将两手向外平展与身体成90°，掌心向上（见图1）；第②小节两臂向胸前交叉（见图2）。重复共两个八拍。

注　　意： 做两臂平展动作时，可辅助宝宝并提供适当支撑；做两臂胸前交叉动作时应轻柔些。

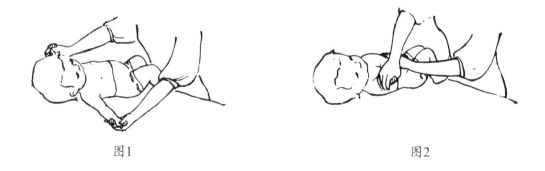

图1　　　　　　　　　　　　　　图2

2. 伸屈肘关节

1=G 2/4

① 6. 7 1 7 6 | ② 3 - | ③ 1. 2 3 2 1 | ④ 5 - |
一 二 三 四 五 六 七 八,

⑤ 6. 5 4 3 4 | ⑥ 5. 4 3 2 3 | ⑦ 4. 3 2 6 7 5 | ⑧ 1 - ‖
二 二 三 四 五 六 七 停。

预备姿势： 同1。

动　作： 第①小节将左臂肘关节前屈；第②小节将左肘关节伸直还原；第③④小节换右手屈伸肘关节（见图3、图4）。重复共两个八拍。

注　意： 屈肘关节时，手轻触宝宝肩膀；伸直时不要用力。

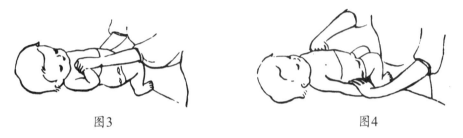

图3　　　　　　　　图4

3. 肩关节运动

1=G 2/4

① 7 7 1 7 6 | ② 3 - | ③ 3 3 4 3 2 | ④ 6 - |
一 二 三 四 五 六 七 八,

⑤ 7 5 7 2 | ⑥ 4 2 4 6 | ⑦ 5 4 | ⑧ 3 - ‖
二 二 三 四 五 六 七 停。

预备姿势： 同1。

动　作： 第①—③小节将左臂弯曲贴近身体，以肩关节为中心，由内向外做回环动作（见图5），第④小节还原；第⑤—⑧小节换右手，动作相同（见图6）。重复共两个八拍。

注　意： 动作必须轻柔，切不可用力拉扯婴儿两臂，以免损伤关节及韧带。

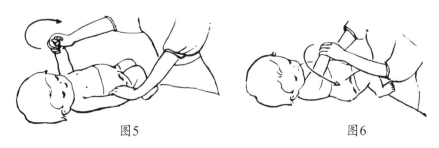

图5　　　　　　　　图6

4. 伸展上肢运动

1=G　2/4

①				②				③				④		
3.		4	3 2	1.		2	1 7	6.		7	1 7 6	5		—
一		二	三	四		五	六	七			八,

⑤				⑥				⑦				⑧		
5.		1	3 5	4	3	2	6	7	7	6	5	1		—
二		二	三	四		五	六	七			停。

预备姿势：同 1。

　动　　作：第①小节两臂向外平展,掌心向上;第②小节两臂向胸前交叉(见图 7);第③小节两臂向上举过头顶,掌心向上(见图 8);第④小节动作还原。重复共两个八拍。

　注　　意：两臂上举时应与肩同宽,动作轻柔。

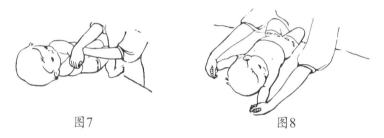

图7　　　　　　　　　　图8

5. 伸屈踝关节

1=G　2/4

①				②				③				④		
3.		4	3 2	1.		2	1 7	6.		7	1 7 6	5		—
一		二	三	四		五	六	七			八,

⑤				⑥				⑦				⑧		
5.		1	3 5	4.		3 2	6	5.		6	7 5	1		—
二		二	三	四		五	六	七			停。

预备姿势：宝宝仰卧,成人左手操作宝宝的左踝部,右手握住左足前掌。

　动　　作：第①小节足尖向上,屈曲踝关节(见图 9);第②小节足尖向下伸展踝关节(见图 10)。连续做八拍,后八拍换右足,做伸展右踝关节动作。

　注　　意：伸屈时动作要轻缓,切勿用力过猛。

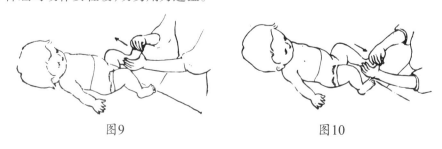

图9　　　　　　　　　　图10

6. 两腿轮流伸屈

1=G $\frac{2}{4}$

①				②		③				④	
$\dot{\underline{6}}\cdot$	$\dot{\underline{7}}$	$\underline{1}$	$\dot{\underline{7}}$ $\underline{6}$	3	—	$\underline{1}\cdot$	$\underline{2}$	$\underline{3}$	$\underline{2}$ $\underline{1}$	5	—
一	二	三		四		五	六	七		八,	

⑤				⑥				⑦				⑧	
$\dot{\underline{6}}\cdot$	$\underline{5}$	$\underline{4}$ $\underline{3}$	$\underline{4}$	$\underline{5}\cdot$	$\underline{4}$	$\underline{3}$ $\underline{2}$	$\underline{3}$	$\underline{4}\cdot$	$\underline{3}$	$\underline{2}$ $\dot{\underline{6}}$	$\dot{\underline{7}}$ $\underline{5}$	1	—
二	二	三		四		五		六		七		停。	

预备姿势：成人双手分别握住宝宝两个膝关节下方。

动　　作：第①小节弯曲左膝关节,使膝靠近腹部(见图11);第②小节伸直左腿;第③④小节屈伸右膝关节(见图12),左右轮流,模仿蹬车动作。重复共两个八拍。

注　　意：屈膝时稍用力,帮助宝宝完成动作;伸直时动作放松。

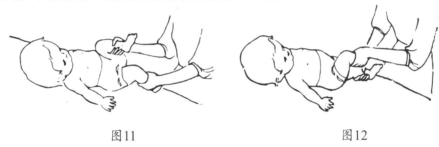

图11　　　　　　　　　　　图12

7. 下肢伸直上举

1=G $\frac{2}{4}$

①				②		③				④	
$\dot{\underline{7}}$	$\dot{\underline{7}}$	$\underline{1}$	$\dot{\underline{7}}$ $\underline{6}$	$\dot{3}$	—	$\underline{3}$	$\underline{3}$	$\underline{4}$	$\underline{3}$ $\underline{2}$	$\dot{6}$	—
一	二	三		四		五	六	七		八,	

⑤				⑥				⑦		⑧	
$\dot{\underline{7}}$	$\underline{5}$	$\dot{\underline{7}}$	$\underline{2}$	$\underline{4}$	$\underline{2}$	$\underline{4}$	$\underline{6}$	5	4	3	—
二	二	三		四		五		六	七	停。	

预备姿势：宝宝两下肢伸直平放,成人双手掌心向下,握住宝宝两膝关节(见图13)。

动　　作：第①②小节将两下肢伸直上举90°(见图14);第③④小节还原。重复共两个八拍。

注　　意：两下肢伸直上举时臀部不离开桌(床)面,动作要柔和、轻缓。

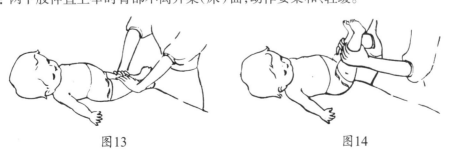

图13　　　　　　　　　　　图14

8. 转体、翻身

1=G 2/4

① ②
3. 4 3 2 | 1. 2 1 7 | ③ 6. 7 1 7 6 | ④ 5 — |
一 二 三 四 五 六 七 八，

⑤ ⑥
5. 1 3 5 | 4 3 2 6 | ⑦ 7 7 6 5 | ⑧ 1 — ‖
二 二 三 四 五 六 七 停。

预备姿势：宝宝仰卧并腿，两臂屈曲放在胸前，成人左手扶胸腹部，右手垫于婴儿背部（见图15）。

动　　作：第①②小节轻轻地将宝宝从仰卧转为右侧卧（见图16）；第③④小节还原。第⑤—⑧小节成人换手将宝宝从仰卧位转为左侧卧位，后还原。重复共两个八拍。4个月后的宝宝可以从侧卧位再转到俯卧位，再由俯卧位转到仰卧位。

注　　意：俯卧时使宝宝的两臂自然地放在胸前，抬高头部。

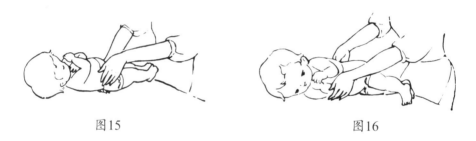

图15　　　　　　　　　　图16

四、宝宝的轻音乐

1. 催　眠　曲

1=♭E 3/4

勃拉姆斯曲

舒缓地

3 3 | 5. 3 3 | 5 0 3 5 | i 7. 6 | 6 5 2 3 | 4 2 2 3 |

4 0 2 4 | 7 6 5 7 | i 0 1 1 | i — 6 4 | 5 — 3 1 |

4 5 6 | 3/5 — 1 1 | i — 6 4 | 5 — 3 1 | 4⁵⁴ 3 2 | 1 — ‖

听赏提示：音乐给人以安静舒缓的感觉，仿佛宝宝正躺在摇篮里，妈妈轻轻随着三拍子的节奏韵律在荡着摇篮，其中的装饰音更增添了一种母亲对宝宝亲昵的情感。

2. 醒　来　了

1=E 4/4

王海英曲

(1 2 3 4 ‖: 5 − − 3 3 | 2 − − 1 2 3 4 | 5 − − 3 2 | 1 − − − |

2 2 2 1 6̣ 0 | 2 2 2 1 6̣ 0 | 2 2 2 1 6̣ 1 | 1 − − 0)

1 1 1 6̣ 5̣ 0 1 0 | ½2 − − 0 | 5 5 5 5 3 5 0 1 0 | ½2 − − 0 |

3 3 2 1 2 3 | 2· 1 6̣ − | 2 2 2 1 6̣ 1 | 5̣ − − − |

2 2 2 1 6̣ 2 3 | [1.] 1 − − (1 2 3 4 :‖ [2.] 1 − − − | 1 0 0 0 ‖

听赏提示： 一声轻微的哭声告诉妈妈，宝宝醒了。旋律舒展优美，节奏快速而紧凑，表现出宝宝想要吸引家长的注意。当宝宝醒来时，家长可以来到宝宝身边轻拍宝宝，带着微笑和宝宝做眼神的互动，安抚刚睡醒时哭闹的宝宝，给宝宝安全感。

3. 进　餐

黄泠汀曲
胡济良改编

1=C 2/4

3 6· | 3 6· | 6 6· 6 | 6 5 3 | 5 5 3 5 | 6 5 |

3· 2 3 | 3 − | 6 6 1 2 | 3 3 5 | 2· 1 | 2· 0 ‖: 3 2 0 |

2 1 0 | 2· 1 6̣ − :‖ [1.] 5 2 | 3 − :‖ [2.] 3 3 | 6 − ‖

听赏提示： 旋律舒展流畅，节奏平稳。在宝宝用餐的同时播放音乐，有助于培养宝宝的音乐感知力。

第七章　7个月至12个月的音乐熏陶

一、摇篮曲

1. 摇　篮　曲

1=♭G　3/4

抒情地

吴文雅词
解孟达曲

学习目的：歌曲采用3/4拍,旋律幽静、甜美,音乐形象鲜明,生动细腻地表现出母亲对宝宝的怜爱之情。尾声的哼唱既柔和又抒情,慢慢地、温柔地把我们带到了美丽的月夜之中,带到了妈妈温暖的怀抱里。

操作提示：用优美、亲切、柔和的声音演唱,注意体现3/4拍子的流动感。

2. 美丽的黄昏

（女声二重唱）

欧 美 歌 曲
蒋振声改编

1=G 3/4

学习目的： 使宝宝初步感受音乐中和声的美，在柔美的哼唱声中轻轻入睡。

操作提示： 两个声部要演唱得清晰，开头部分下方声部应演唱得较为活跃，第⑤小节之后的二声部音高要唱准，音色统一，这样才能更好体现出和声的魅力。

二、亲子互动歌曲

1. 抱 皮 球

1=C 4/4

阮 婷词曲

3　3　3　－　｜5　5　5　－　｜5 4　5 4　3 4　5　｜

大　皮　球，　　　圆　又　圆，　　哎呀　哎呀　滚过　来，

5 4　5 4　3　2　｜1　－　1　－　‖

我　要　把　你　抱　起　来　　呀。

学习目的：通过捡拾皮球的游戏，促进宝宝手眼协调能力的发展。

操作提示：在亲子音乐活动中，家长可以扶着宝宝站立在有栏杆的小床边，让宝宝一只手扶栏杆。家长可以从几步之外将一个皮球滚向宝宝，引导宝宝弯腰用另一只手捡起皮球。当宝宝捡起皮球后，家长应给予充分的赞扬，营造浓厚的亲子氛围。宝宝在充分体验到成功的喜悦后，将会非常高兴地接受新游戏。

2. 你在哪里呀

1=E 2/4

阮 婷词曲

5　5　｜5　－　｜3 4　5 3　｜2　－　｜5　5　｜5　－　｜3 4　5 3　｜1　－　‖

哎　呀　呀，　　你 在　哪 里　呀？　哈　哈　哈，　　我 在　这 里　呐！

学习目的：促进宝宝语言发展，帮助建立"客体永存"概念，促进良性依恋关系的形成。

操作提示：这首歌适合家长和宝宝玩捉迷藏时演唱。首先家长将宝宝的注意力吸引过来，再用小方巾遮住自己的脸并唱第一句歌词。几秒钟后家长再将脸从方巾后露出来，演唱第二句歌词，帮助宝宝逐渐将语音和语义联系起来。通过这种互动，宝宝不仅会开心地手舞足蹈，而且会有继续玩耍的意愿，并且逐步学会用手去抓方巾，以寻找躲在后面的家长。

3. 洗 手

1=C 2/4

佚 名词
陈少麟曲

（5　6　｜5. 3　｜2 3　｜1 －）｜5　5　5 1　｜3 4　5　｜5　5　5 1　｜

　　　　　　　　　　　　　　哗哗　流水　清又　清，　洗洗　小手

3 4　5　｜4　6　｜5 5　3 1　｜2 3　2　｜5　6　5. 3　｜2 3　｜1 －　‖

讲卫　生，　大家　伸出　手儿　比一　比，　看看　谁　的　最　干　净。

学习目的：培养宝宝养成讲卫生、勤洗手的好习惯。

操作提示：演唱时活泼愉快，声音甜美，利用洗手过程进行亲子互动，增加宝宝的参与感。

三、婴儿主、被动操

婴儿主、被动操共分八节,分别为"起坐运动""起立运动""提腿运动""弯腰运动""挺胸运动""游泳运动""跳跃运动""扶走运动"。随着月龄的增加,婴儿在被动做操的基础上,可转为在成人帮助下的主动参与。

婴儿的主、被动操是一种有效的早期理疗方式,可以帮助婴儿促进肌肉发展,增强协调性,并且有利于他们的动作能力早期形成。开始学做时不要求合拍,熟练后再逐步要求合拍。每次做操时可选做几节,不要求一次全部做完。

音乐由上海市总工会与上海市托幼协会共同委托创作。邓融和担任作曲,胡济良负责改编。

1. 起 坐 运 动

1=G 2/4

①		②		③		④	
3. 5	1 5	3. 5	1 5	2. 1	7 6	7	—
一	二	三	四	五	六	七	八,

⑤		⑥		⑦		⑧	
6. 3	5 2	3. 1	2 6	5. 6	3 2	1	—
二	二	三	四	五	六	七	停。

预备姿势: 宝宝仰卧,成人双手握住宝宝双手,或用右手握住宝宝左手,左手按住宝宝双膝(见图17)。

动　　作: 第①②小节,牵引宝宝从仰卧位起坐(见图18);第③④小节还原。重复共两个八拍。

注　　意: 拉宝宝起坐时,如果宝宝不配合就不能过于用力。

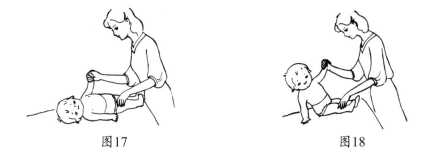

图17　　　　　　　　　图18

2. 起 立 运 动

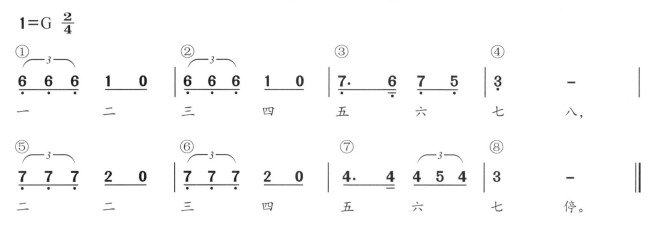

预备姿势：宝宝俯卧位，成人双手托住宝宝双臂或手腕。

动　　作：第①②小节牵引宝宝从俯卧位通过跪立到直立站起，或直接帮助宝宝站立（见图19、20）；第③④小节还原。重复共两个八拍。

注　　意：扶宝宝站起时，要逐步引导他们自己用力。

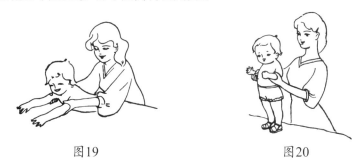

图19　　　　　　　　　　图20

3. 提 腿 运 动

预备姿势：宝宝俯卧位，两手放在胸前，两肘支撑身体，成人双手握住宝宝的两个脚踝（见图21）。

动　　作：第①②小节轻轻抬起宝宝双腿，约30°（见图22）；第③④小节还原。重复共两个八拍。

注　　意：动作应轻柔缓和。

图21　　　　　　　　　　图22

4. 弯 腰 运 动

1=G 2/4

① 3· 5 1 5 | ② 3· 5 1 5 | ③ 2· 1 7 6 | ④ 7 － |
　 一　　　二　　三　　　四　　　五　　　六　　七　　　八,

⑤ 6· 3 5 2 | ⑥ 3· 1 2 6 | ⑦ 5· 6 3 2 | ⑧ 1 － ‖
　 二　　　二　　三　　　四　　　五　　　六　　七　　　停。

预备姿势: 宝宝与成人面向同一方向直立,成人左手扶住宝宝的两膝,右手扶住宝宝腹部,在宝宝前方放置一个玩具(见图23)。

动　　作: 第①②小节让宝宝弯腰前倾,捡起桌上玩具(见图24);第③④小节直立还原。重复共两个八拍。

注　　意: 让宝宝尝试自己用力前倾并重新直立,如宝宝无法自行直立,成人可将左手移至宝宝胸部,帮助宝宝完成动作。

图23　　　　　　　　　　　图24

5. 挺 胸 运 动

1=G 2/4

① 3· 5 1 5 | ② 3· 5 1 5 | ③ 2· 1 7 6 | ④ 7 － |
　 一　　　二　　三　　　四　　　五　　　六　　七　　　八,

⑤ 6· 3 5 2 | ⑥ 3· 1 2 6 | ⑦ 5· 6 3 2 | ⑧ 1 － ‖
　 二　　　二　　三　　　四　　　五　　　六　　七　　　停。

预备姿势: 宝宝俯卧,两手向前伸出,成人双手托住宝宝肩臂(见图25)。

动　　作: 第①②小节轻轻地帮助宝宝抬起上半身并挺胸,确保腹部不离开桌面(见图26);第③④小节还原。重复共两个八拍。

注　　意: 动作要缓和,在挺胸、挺腰时可适当用力,帮助宝宝完成动作。

图25　　　　　　　　　　　图26

6. 游 泳 运 动

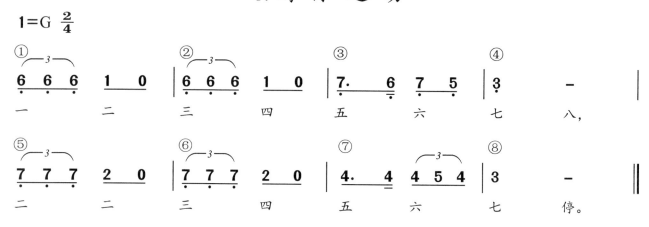

预备姿势： 宝宝趴卧，成人双手托住宝宝胸腹部（见图27）。

动　　作： 第①—④小节由趴卧位托起宝宝，使其悬空（见图28），前后摆动并重复数次，引导宝宝做出类似游泳的四肢活动。

注　　意： 托住宝宝时要注意安全，先前后摆动1—2次，待宝宝适应后可增加次数。

图27　　　　　图28

7. 跳 跃 运 动

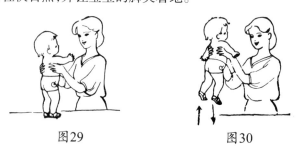

图29　　　　　图30

预备姿势： 成人与宝宝面对面站立，成人用双手扶住宝宝腋下（见图29）。

动　　作： 第①②小节扶起宝宝，使他（她）的脚离开床或桌面，同时用"跳、跳"的口号引导宝宝做跳跃动作（见图30），跳跃时以足前掌接触床或桌面为宜。重复共两个八拍。

注　　意： 托举动作要轻快自然，并让宝宝的脚尖着地。

8. 扶 走 运 动

1=G　2/4

① 3. 5 1 5 | ② 3. 5 1 5 | ③ 2. 1 7 6 | ④ 7 — |

一　　二　　三　　四　　五　　六　　七　　八，

⑤ 6. 3 5 2 | ⑥ 3. 1 2 6 | ⑦ 7. 5 2 3 | ⑧ 1 — ‖

二　　二　　三　　四　　五　　六　　七　　停。

预备姿势：宝宝站立，成人可以站在宝宝背后并用双手扶住宝宝腋下（见图31），或成人与宝宝面对面站立并用双手扶住宝宝前臂或手腕。

动　作：第①②小节扶住宝宝使其左右腿轮流跨出，开步行走（见图32）。重复共两个八拍。

注　意：场地要干净平坦，待宝宝站稳后再鼓励其开步学走。

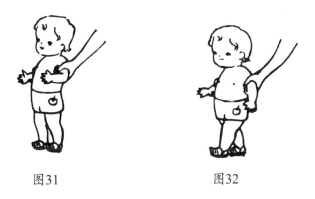

图31　　　　　　　图32

四、宝宝的轻音乐

1. 催 眠 曲

舒伯特曲

1=F　4/4

3 5 2. 3 4 | 3 3 2 1 7 1 2 5 | 3 5 2. 3 4 | 3 3 2 3 4 2 1 0 |

2. 2 3 2 1 | 5 6̄5̄ 4 3 2 5 | 3 5 2. 3 4 | 3 3 2 3 4 2 1 0 ‖

听赏提示：甜美舒缓的音调宛如母亲温暖的怀抱，平稳、规律的节奏犹如妈妈柔软的臂膀。我们可以通过摇摆于主、属和弦之间的旋律深入音乐本体，想象慈爱的妈妈在轻轻晃动摇篮，营造出安静的氛围，催人入眠。

2. 星星和月亮

解孟达曲

1=F 3/4

(1 5̣ 5 | 1 5̣ 5 | 1 5̣ 5 | 1 5̣ 5) | 1 – 5̣ | 3 4 3 |

1 – 6̣ | 5̣ – – | 2 – 6̣ | 4 3 1 | 2 – 3 | 2 – – |

1 – 5̣ | 3 4 3 | 2 – 1 | 6̣ – – | 5̣ – 3 | 2 3 – |

6̣ – 7̣ | 1 – – | 6 4 6 | 6 4 1 | 5 3 5 |

5 3 1 | 2 – 2 | [I. 1 3 1 :|| [II. 1 3 1 | 5 3 1 |

5 2 5̣ | 3 – – | 3 0 1 2 3 5 | 6 – – | 6 – – |

♭6 – – | 6 – – | 5 – – | 5 – – | 5 – 0 ||

听赏提示：梦幻般的旋律和富有动感的节奏仿佛让我们看到星星在闪烁，月亮在云层里移动。

3. 玩　耍

蒋振声曲

1=F 2/4

听赏提示：活泼的节奏和跳动的旋律好似宝宝在床上爬行、在地上玩耍，充满活力与朝气。

第八章　13个月至18个月的音乐熏陶

一、摇篮曲

1. 安 睡 歌

张　友　珊词
汪　玲、杨存德曲

1=F 6/8

（i 6 5 | 3 2 1 | 6 5 3 | 2 1 6 | 5 6 5 3 | 5 | 2 | 2 1. ）

‖: 5 6 5 | 1 | 2 | 3 2 3 | 1. | 5 6 5 3 | 5 | 2 1 3 2.
1. 晚　风婆婆　轻　轻吹，　月　亮姐姐　笑　微微，
2. 睡　吧睡吧　小　宝贝，　睡　吧睡吧　小　宝贝，

5 6 6 | 5 3 3 | 2 | 1 6. | 5 6 5 2 | 2 | 1 2 3.
我　用手儿　当摇篮，　轻　轻摇着　小　宝贝。
闭　上你的　大眼睛，　闭　上你的　小　小嘴。

5 6 6 | 5 3 3 | 2 | 1 6. | 5 6 5 2 | 3 | [1.] 2 1 2 | 1.
我　用手儿　当摇篮，　轻　轻摇着　小　宝贝。
闭　上你的　大眼睛，　闭　上你的

（5 6 5 3 | 2 1 6. | 5 6 5 2 | 3 | 1. | 1. ）:‖

[2.] 2 1 2 | 1. | 1 0 5 6 5 | 3. | 2 3 1 | 6. ᵛ 6 5
小　小嘴。　　快　快睡，　快　快睡，　快　快

1. | 5 6 5 | 3. | 2 3 1 | 6. | 6 | 5 | 1. | 1.
睡，　嗨　　嗨　　　快　快睡。

学习目的：让宝宝初步感受音乐的律动，并在舒缓、优美的旋律中逐渐培养宝宝对音乐美的感受。帮助宝宝静下心来，慢慢入眠。

操作提示：演唱要轻柔、舒缓、连贯，并富于韵味。注意三拍子的节奏特点，突出摇篮曲的体裁特色，并适当做出强弱对比。

2. 梦

1=G 3/4

曹 雷词
张鸿翔曲

甜美地

(1 2 3. 5 | 6 5 6 - | 5 6 5 3 | 2 5 1 -) | 5 6 5 - |

小 兔 子,

3 2 1 - | 2 3 2 1 6 1 | 2 - - | 5 6 5 - | 3 2 1 - |

睡 着 了, 梦 见 一 个 红 萝 卜。 小 松 鼠, 睡 着 了,

2 3 2 1 2 3 | 5 - - | 3 5 6 - | 6 5 3 - | 5 6 5 1 2 5 |

梦 见 一 个 大 松 果。 小 鸽 子, 睡 着 了, 梦 见 蓝 天 白 云

3 - - | 1 2 3 5 | 6 5 6 - | 5 6 5 3 | 2 5 1 - ‖

朵。 宝 宝 做 了 一 个 梦, 梦 见 自 己 长 大 了。

学习目的:口语化的歌词让宝宝感到亲切,同时结合旋律有助于宝宝理解歌词内容。

操作提示:乐句要表达清晰,八分音符要唱得平均。可适当加入表演,如:双手合掌贴在脸的一侧,模仿小动物睡着的样子,通过形象生动的动作加深孩子对歌曲的印象。

二、亲子互动歌曲

1. 亲 亲 我

1=F 2/4

吴志浩词曲

3 3 3 2 | 1 3 2 | 3 3 3 2 | 1 3 2 | 3 2 3 2 | 1 - ‖

我 的 小 脸 像 苹 果, 妈 妈 快 来 亲 亲 我, 亲 呀 亲 亲 我。

学习目的:训练感官能力,培养注意力。增进宝宝对家长的情感依恋。

操作提示:在唱这首歌时,可以让宝宝站在床沿或长沙发的一端,家长在旁边用玩具吸引他(她)移步走。如果父母都在场时,两人可以面对面蹲下,保持伸手可相触的适当距离,让宝宝在这段距离内独立行走。当他(她)走到父母任一人面前时,可给予宝宝一个亲吻作为奖励。

2. 小不点上早教

1=D 4/4

蒋荣贵词
胡济良曲

中速稍慢 天真地

1 2 3 2 3 3 - | 3 3 2 1 - | 2. 2 2 2 | 3 1 2 - |
小 不 点， 真 乖 巧， 背 着 包 包 上 早 教。

1 2 3 2 3 3 - | 3 3 2 1 - | 2 2 2 2 3 | 1 2 | 1 - - - ‖
小 不 点， 真 乖 巧， 背 着 包 包 上 早 教。

学习目的： 引导宝宝学会独立，让他们不再过分依赖爸爸妈妈，而是自己背上小书包去学习新的技能。

操作提示： 唱清楚歌词，如同讲故事一样娓娓道来，让宝宝学习新的语言内容。

3. 太阳，祖国

1=D 3/4

金泉生词曲

3 1. 0 | 3 1. 0 | 3 2 3 1 | 5 3 - |
太 阳， 太 阳， 太 阳 公 公 您 早！

4 2. 0 | 4 2. 0 ‖: 4 5 4 2 | 3 1 - :‖
祖 国， 祖 国， 祖 国 妈 妈 您 好！

学习目的： 向太阳问好，向祖国问好，培养宝宝对祖国的热爱之情。

操作提示： 家长演唱时向宝宝展示国旗、太阳等相关图片，帮助他们认识和理解歌曲中的内容。

4. 开 步 走

1=C 2/4

蒋振声词曲

1 1 | 2 - | 3 1 | 2 - | 1 1 | 2 2 | 3 1 | 2 - :‖ 3 2 | 1 - ‖
1.开 步 走， 开 步 走， 一 步 一 步 向 前 走。 向 前 走。
2.左 右 左， 左 右 左， 一 步 一 步

学习目的： 通过培养宝宝的手脚协调能力，让他们在感受音乐美的同时，增强独立行走的信心。

操作提示： 在唱这首歌时，家长可以和宝宝面对面，让他（她）的小脚分别站在家长的脚背上。家长握住宝宝的小手，左右交替一步一步迈步向后退，带动宝宝左右交替向前迈步。演唱时可强调每小节第一拍的重音，以情绪带动宝宝勇敢开步向前走。

三、亲子音乐游戏

蚊子咬我了

蒋振声词曲
胡济良改编

1=B 2/4

(乐谱：简谱)

哎呀 不好了，蚊子咬我 怎么办？

那就 快快 跳上来呀，躲一躲。　　　　哎呀 不好了，

蚊子 咬我 怎么办？　　　　那就 快快 跳上来呀，躲一

躲。

学习目的： 锻炼宝宝手眼协调能力、反应能力、语言能力，培养"上""下"方位感。

操作提示： 唱这首歌时可以做一个有趣的游戏。家长可以将自己的手与宝宝的手轻轻交叉叠放在一起。家长用拇指和食指模仿蚊子的动作，轻轻地"捏"宝宝的手背。边"捏"边唱："哎呀不好了，蚊子咬我怎么办？"接着引导宝宝将手抽出并抬起，同时唱："那你就快快跳上来呀，躲一躲。"这首歌可以不断重复，以增强游戏的互动性和趣味性，同时帮助宝宝学习新的动作和语言表达。

四、婴幼儿主动操

1.五 官 操

蒋振声词曲

1=G 2/4

（1 5· 1· 2｜3 5 i｜1 5· 1· 2｜3 5 i 2‖：3 3 3 1｜3 3｜

5 5 3 1｜3 －｜3 3 3 1｜3 3｜5 3 2 3｜1 －｜

3 3 3 1｜3 3）｜5 5 3 1｜3 －｜（3 3 3 1｜3 3）｜

1.（白）小　眼　睛，
2.（白）小　朋　友，

5 5 2 1｜2 －｜（3 3 3 1｜3 3）｜5 5 3 1｜3 －｜

小　鼻　子，　　　　　　　　小　嘴　巴，
笑　哈　哈，　　　　　　　　小　朋　友，

（3 3 3 1｜3 3）｜5 3 2 3｜1 －：‖（3 3 3 1｜3 3｜

小　耳　朵。
笑　哈　哈。

5 5 3 1｜3 －｜3 3 3 1｜3 3｜5 3 2 3｜1 －）‖

学习目的：培养宝宝的节奏感，引导他们认识五官的名称，并建立起语音和语义的联系，从而促进大脑和神经系统的发展。

操作提示：您和宝宝面对面坐好，合着节拍抬眉毛、眨眼睛、张嘴巴，做五官运动操。您还可把具体的动作加入到歌词中提示宝宝，或者准备一个没有五官的娃娃头像和各种五官的小图片。随着音乐的播放，引导宝宝将五官图片贴在相应位置，这样可以帮助宝宝更直观地认识并记住五官的名称。

2.礼 貌 操

1=F $\frac{2}{4}$

蒋振声词曲

①	②	③	④	⑤	⑥	
3 4 5 6	5 4 3	6 6 7 6	5 5 5	3 4 5 6	5 4 3	

1.（白）欢　迎，　欢　迎，　欢　迎，　欢　迎，　欢　迎，　欢　迎，

2.（白）拍　手，　拍　手，　拍　手，　拍　手，　拍　手，　拍　手，

3.（白）谢　谢，　谢　谢，　谢　谢，　谢　谢，　谢　谢，　谢　谢，

4.（白）再　见，　再　见，　再　见，　再　见，　再　见，　再　见，

1. 3.

⑦	⑧	⑨	⑩	2. ⑦	⑧
6̇ 7̇ 1 3	2 2 2	6̇ 7̇ 1 3	2 6̇7̇1̇2̇	2 2 3 2	1. 5̲ 1 3

欢　迎，　欢　迎，　您　早！　　　　　　拍　手，　拍　手，

谢　谢，　谢　谢，　谢谢　您！

4.

(⑨)	⑩	⑦	⑧	⑨	⑩
2 2 3 2	1 5̣	2 2 3 2	1. 5̲ 1 2	3 2	1 —

老　师　好！　　　　D.C.再　见，　再见，　再见　了！

学习目的：初步学习简单的礼貌用语，培养宝宝从小养成有礼貌的好习惯。

操作提示：第一段的①—⑧小节：按节奏说白："欢迎！"两手上举、手心向外挥动做欢迎状，双脚原地自然跳动，第⑨小节说白："您早！"做鞠躬状。

第二段的①—⑧小节：按节奏说白："拍手！"每小节拍手一次，第⑨小节说白："老师好！"双手胸前平伸翘大拇指。

第三段的①—⑧小节：按节奏说白："谢谢！"双手叉腰，每小节点一次头，第⑨小节说白："谢谢您！"右手放胸前，微弯腰，表示感谢。

第四段的①—⑧小节，按节奏说白："再见！"左手叉腰、右手上举做招手动作，第⑨ ⑩小节说白："再见了。"做招手动作三下。

五、宝宝的轻音乐

1. 睡　眠　曲

1=F　2/4

东北民歌

慢　轻盈地

6 5 3 5 6 | 6 5 3 6 5 | 3. 5 3 2 1 6 1 6 | 5 3 2 2 1 6 | 5 - |

1 1 1. 6 | 5 1 1 | 5 6 1 6 5 3 | 5 3 2 2 | 2 5 5 | 2 3 2 1 |

1 6 3 3 2 1 1 6 | 5 - | 6 1 5 6 1. 2 | 3 2 1 2 5. 3 | 2 3 3 5 6 | 2 2 7 6 |

‖: 6 5 3 5 6. 5 | 6 5 3 6 5 | 3 5 3 2 1 6 1 6 | 5 3 2 2 1 6 | 5 - :‖

听赏提示：充满民族风情的旋律自然流畅,给人一种亲切感。可以想象,在东北的乡村,妈妈坐在温暖的炕上轻轻摇着宝宝,她望着窗外的月光,憧憬着美好的未来……

2. 快 乐 的 家

1=B　2/4

徐邦杰曲

中速　愉快地

1 2 3 1 | 2. 0 | 6 5 3 1 | 2. 0 | 1 2 3 1 | 2 0 3 3 2 | 4 5 6 7 6 |

5 0 5 6 | 2 - | 2 3 2 3 5 6 5 6 | 2 2 0 2 | 2 5 6 5 3 | 2 2 2 1 |

2. 0 | 2 2 2 5 | 6. 0 | 2 2 2 1 | 2. 0 | 2 2 2 5 | 6. 0 |

5 2 | 4 5 6 0 | 1 1 1 5 | 6. 0 | 5 2 | 4 5 6 0 |

5 5 1 3 | 2. 0 | 2. 3 6. | 1 2 3 2 | 6 - | 1. 6 |

```
1 2 3 1 | 2 — | 2. 0 | 6. 1 | 2. 2 | 4 5 6 7 6 | 5 — |

3. 1 | 6 5 1 3 | 2 — | 2. 0 | 1. 6 | 1 2 3 1 |
```

```
[1.]                          [2.]
2 — | 2. 0 :|| 2 — | 2 — | 2 0 0 6 0 6 | 2 0 ||
```

听赏提示：高音区紧密的旋律好似集合的号角，二拍子的节奏充满活力，长短音的结合是惬意、愉快情绪的生动表现。整首乐曲充满着想象力。

3. 爸爸妈妈一样好

米　珐曲

1=D 2/4

```
3 3 1 | 0 0 0 | 2 2 5 | 0 0 0 | 3 1 2 5 | 3 1 2 5 | 3 0 |

tr
5 — | 5 — | 1 — | 1 — ‖: 3 3 1 | 3 3 1 | 2 2 5 | 2 2 5 |

                [I.]                  [II.]
3 3 2 1 | 2 3 2 | 2 — :‖ 2 3 1 | 1 0 0 | 6 4 4 1 |

3 5 | 5 — | 2 5 | 5 — | 3 5 | 2 — | 1. 2 |

3. 5 | 2 2 7 | 6 — | 6 6 0 | 5 5 0 5 2 |

3 — | 6 6 0 5 5 0 | 2 2 3 | 1 — | 1 — ||
```

听赏提示：音乐在模进与重复中展开，仿佛父母细致入微地关爱着宝宝的成长。

第九章　19个月至24个月的早期音乐启蒙

一、亲子互动歌曲

1. 蝴　蝶

寒　枫词
冯　奇曲

1=F　2/4

```
1  1  1  | 3  3  3  | 2  2  2  4 | 3  2  1 | 2  2  2  4 | 3 0 2 0 | 1  —  | 1  0 :||
黄 蝴 蝶， 白 蝴 蝶， 黑 蝴 蝶，   蓝 蝴 蝶， 蝴 蝶 飞 舞   真   好   看。
```

学习目的：培养宝宝听音能力，让宝宝感受音乐律动。可尝试亲子合作表演，初步培养宝宝的表现力。

操作提示：在演唱第一遍歌曲时，家长可以让宝宝扮蝴蝶，走碎步做蝴蝶飞的动作，自由地飞舞；在演唱第二遍歌曲时，家长可以和宝宝手拉手，一起做蝴蝶飞舞的动作，合着音乐的节奏上下摆动手臂，也可尝试边小跑步边做展翅飞的动作。在这一游戏中，宝宝能够体验到音乐的律动。

2. 咪 咪 小 猫

王　海词
何振京曲

1=G　3/4

```
2  2  1 | 2  —  — | 2  2  1 | 2  —  — | 1  1  6̣ | 1  —  2 | 1  1  6̣ |
1.咪 咪 小 猫，      跑 跑 跳 跳，     晒 晒 太 阳，  呼 呼 睡
2.咪 咪 小 猫，      跑 跑 跳 跳，     捉 捉 老 鼠，  夜 夜 放

6̣  —  — :|| 1  —  2 | 1  —  6̣ | 6̣  —  — | 5̣ 0 1 | 6̣  —  — ||
觉。          夜 夜 放   哨，    放   哨。
哨。
```

学习目的：引导宝宝认识小动物，促进其语言能力，拓展想象力。

操作提示：演唱这首歌时，妈妈和宝宝可以做"猫和老鼠"的角色扮演游戏，宝宝扮成小猫，妈妈扮成老鼠，根据歌词的内容进行互动。妈妈也可以给宝宝展示小猫的图片，并给宝宝准备小猫的简笔画，任由宝宝涂鸦，让宝宝在享受音乐的同时快乐地体验音乐，发展精细动作。

3. 小狗汪汪叫

金苗苓词曲

1=G　2/4

$\underline{\dot{6}\,\dot{6}}\quad \underline{1\;\dot{5}}\;|\;\dot{6}\quad \underline{\dot{6}\;0}\;|\;\underline{\dot{6}\,\dot{6}}\quad \underline{1\;\dot{5}}\;|\;\dot{6}\quad \underline{\dot{6}\;0}\;|\;1\quad \underline{1\;1}\;|$

小　狗　汪　汪　叫　呀，　尾　巴　来　回　摇　呀，　我　正　在

$\underline{7\;7}\quad \dot{6}\;|\;\underline{5\;5}\quad \underline{6\;6}\;|\;\dot{5}.\quad 0\;|\;\underline{\dot{6}\,\dot{6}}\quad \underline{1\;\dot{5}}\;|\;\dot{6}\quad \underline{\dot{6}\;0}\;|$

吃　牛　奶，　请　你　不　要　叫。　小　狗　汪　汪　叫　呀，

$\underline{\dot{6}\,\dot{6}}\quad \underline{1\;\dot{5}}\;|\;\dot{6}\quad \underline{\dot{6}\;0}\;|\;1\quad 1\;|\;\underline{7\;7}\quad \dot{6}\;|\;\underline{5\;5}\quad \underline{6\;5}\;|\;1\quad -\;\|$

尾　巴　来　回　摇　呀，　等　我　吃　完　了，　我　来　牵　你　跑。

学习目的：锻炼宝宝精细动作能力，促进语言能力和想象力的发展。通过对小狗的模仿，培养宝宝初步的动作表现力。

操作提示：演唱这首歌时，让宝宝一手放在耳朵旁，模仿小狗的耳朵；一手放在屁股上，模仿小狗的尾巴。边唱边往前跳跃，以增加活动的趣味性。这首歌曲不仅有助于宝宝养成良好的生活习惯，还向他们传达了爱护宠物的重要性，并通过歌曲活动建立宝宝与小动物之间的和谐关系，增进他们对小动物的亲近感。

4. 两 只 小 象

常　瑞词
汪　玲曲

1=♭G　3/4

$1\quad 3\quad \underline{\dot{5}}\quad 1\;|\;3\quad 3\quad 3\;|\;0\quad \underline{1\;\dot{5}}\quad \dot{5}\;|\;\dot{6}\quad \dot{2}\quad \dot{2}\;|\;\dot{2}\quad 0\;|$

1.两　只　小　象　哟　啰　啰，　河　边　走　呀　哟　啰　啰，
2.就　像　一　对　哟　啰　啰，　好　朋　友　呀　哟　啰　啰，

$3\quad 1\quad 3\;|\;1\quad \underline{\dot{6}\,\dot{6}}\quad \dot{6}\;|\;0\quad \dot{2}\quad \underline{5}\quad \dot{2}\;|\;\underline{\dot{3}\;\dot{2}}\quad 1\;|\;1\quad 1\;|\;0\;:\|$

扬　起　鼻　子　哟　啰　啰，　钩　一　钩　呀　哟　啰　啰。
见　面　握握　手　哟　啰　啰，　见　面　握握　手　哟　啰　啰。

学习目的：引导宝宝模仿小象甩长鼻子的动作，初步尝试亲子合作，跟随音乐的节奏进行律动。

操作提示：宝宝与家长一起学习演唱这首歌曲，演唱应纯真自然，准确把握三拍子节奏，使之富有动感。

5. 小 黑 猪

刘明将词曲

1=D 4/4

3 3 2 4 | 3 - 1 - | 3 3 2 4 | 3 - - - |
一 群 小 黑 猪 呀， 翘 起 大 耳 朵，

3 3 2 4 | 3 - 1 - | 4 4 3 2 | 1 - - - ‖
住 进 新 楼 房 呀， 唱 歌 咕 噜 噜。

学习目的： 发展宝宝精细动作能力和大动作运动能力，促进语言能力发展，丰富想象力。

操作提示： 在唱歌前，爸爸妈妈可以和宝宝一起先用积木搭一座"城堡"。家长可以用简笔画的形式画几只小黑猪，剪好后用回形针别在一根长线上，家长可以控制线的高度，让线控制在宝宝稍微踮起脚尖就能碰到小猪的地方。宝宝每次拿到小黑猪后，就把它放在先前搭建的城堡里。这是一个既有趣又具挑战性的游戏。随着宝宝长大，家长也可以增加其他颜色的小猪，改变歌曲中小猪的颜色，让宝宝挑出不同颜色的小猪，以此训练宝宝的分类能力，并可根据歌词内容进行表演唱。

6. 宝宝不洗脸

张 春 明词
蒋振声、邓融和曲

1=C 2/4

① 5. 3 | 5 0 | ② 1 3 | ③ 2 0 | ④ 2. 1 | 2 0 | ⑤ 2 3 | ⑥ 5 0 | ⑦ ⑧
宝 宝 不 洗 脸， 像 个 小 花 脸，

⑨ 4 4. | 3 3 3 | 2. 2 3 2 | 1 0 ‖: 5 5. | 4 4. | 3. 2 1 2 | 3 3 3 |
急坏 小花猫， 要 把 舌 头 舔。 哎 哟， 哎 哟， 吓 得 宝宝 像 老鼠，

5 5. | 4 4. | 5. 3 2 3 | 1 1 1 :‖ 1 3 | 2 5 | 1 0 | X 0 ‖
哎 哟， 哎 哟， 快 把 被窝 当 洞钻。 宝 宝 不 洗 脸， 嗨！

学习目的： 培养宝宝勤洗脸、讲卫生的好习惯。

操作提示： 家长可以带领宝宝边做洗脸动作边演唱。歌曲的前八小节节奏规整，从第⑨小节开始节奏加快，唱词变得密集，要引导宝宝能够迅速适应节奏的变化，并准确演唱附点节奏。最后四小节要演唱得诙谐、有趣。建议在亲子活动时，由父母演唱，通过形体表演让宝宝感受歌曲的内容，养成天天勤洗脸的好习惯。

二、亲子音乐游戏

1. 碰 碰 车

夏　矛词
王海音曲

1=F　4/4

(5̣ 1̣6̣ 5̣ 1̣6̣ | 3 3 3 0 | 5̣ 1̣6̣ 5̣ 1̣6̣ | 1 1 1 0) |

5 5 5 0 | 5 3 1 0 | 5 6 5. 3 | 5 2 2 0 |
碰 碰 车，　真 有 趣，　你 碰 我 呀，我 碰 你。

5 5 5 0 | 5 3 2 0 | 2 3 2. 3 | 5 2 1 0 |
碰 碰 车，　真 稀 奇，　碰 到 东 来 碰 到 西。

‖: 5̣ 1̣6̣ 5̣ 1̣6̣ | 3 3 3 0 | 5̣ 1̣6̣ 5̣ 1̣6̣ | 1 1 1 0 :‖
你 呀 我 呀 不 生 气，　碰 来 碰 去 越 欢 喜。

学习目的：通过引导宝宝在游戏中保持友好的态度,培养他们良好的人际交往能力。

操作提示：可根据歌词模仿相应的动作,演唱时要活泼轻快,富有表情。

2. 小白兔和小乌龟

1=D 2/4

梁临芳词
胡 霄曲

诙谐地

```
1 0  3 5 | 5.  3 | 1  3 2 | 1  -  | 1 3  5 5 | 1 3 5
1.小  白  兔 和  小 乌  龟,     常 在  一 起  比 赛 跑,
2.小  白  兔 问  小 乌  龟,     你 敢  不 敢  再 赛 跑,

3 2  1 | 2  - | 1 0  4 5 | 6  6. | 5 5  1 2 | 3  3.
比 赛  呀 跑,   小 白  兔 呀,   总 是  得 第  一 呀,
再 赛  呀 跑,   小 乌  龟 呀,   伸 长  脖 子  说 呀,

X  X. | 6  2 | 4  2 | 6 2  4 2 | 3 2  1 | 1  -
嘿 嘿   你 看  它 有  多 神  气 呀 多 神    气,
好 呀   就 在  水 上  就 在  水 上 来 赛    跑,

4.  1 | 4  1 | 4 6 5 | (4 1 4 6 5 0) | 4.  1 | 4  1 | 4 6 5 0
天 天  翘 着  短 尾 巴,              走 起  路 来  蹦 又 跳,
兔 子  听 了  咧 开 嘴,              瞪 着  眼 睛  变 傻 了,

(4 1 4 6 5 0) | 5 4  3 2 | 1 3  5 5 | 1 3 5 | 3 0 2 0 | 1 0 :||
            哟 哟  哟 哟,  走 起  路 来  蹦 又 跳,  蹦 又  跳。
            哟 哟  哟 哟,  瞪 着  眼 睛  变 傻 了,  变 傻  了。
```

学习目的: 这是一首品德教育歌曲。歌曲通过对小白兔和小乌龟的生动描写,教育宝宝要谦虚,培养他们不骄傲的良好品德。

操作提示: 在亲子游戏中,父母可以与宝宝进行角色扮演,模拟歌中的故事情节,以增强歌曲的教育效果。在演唱时,应生动、诙谐、富有表情,准确掌握八分音符的节奏型,正确演绎切分音和附点音符。

三、模仿操

1. 打 鼓

佚 名词
赵维钧曲

1=G 2/4

```
1 3 3 | 1 3 2 | 5. 3 5 3 | 1 3 2 | 1 3 3 | 1 3 3 | 5. 3 5 3 | 2 2 1 ||
(白)小 鼓 咚咚咚, 小 鼓 咚咚咚, 小 鼓 咚咚咚, 小 鼓 咚咚咚。
```

动作提示: 您可以让宝宝一边原地踏步,一边做敲鼓状。两臂在胸前微屈,双手握空拳,伸出食指(模仿鼓槌),并按节拍轮流模拟打鼓动作,每小节敲两次。您还可以用废旧材料,如塑料小桶等,制作一个"小鼓",让宝宝一边踏步一边敲击。

2. 小 喇 叭

佚 名词
赵维钧曲

1=F 2/4

```
3 3  3 0 | 3 3  3 0 | 5. 5 3 2 | 3 - | 2 2  2 0 |
(白)小 喇 叭,   小 喇 叭,   的 的 达 的 达,   小 喇 叭,

2 2  2 0 | 5. 5 3 1 | 2 - | 1. 2 3 | 1. 2 3 |
小 喇 叭,   的 的 达 的 达,   小 喇 叭, 小 喇 叭,

5. 5 3 2 | 4 - | 2. 3 4 | 2. 3 4 | 5. 5 4 2 | 1 - ‖
的 的 达 的 达, 小 喇 叭, 小 喇 叭, 的 的 达 的 达。
```

动作提示：您可以引导宝宝双手半握拳做吹喇叭的动作,手指随音乐节拍捏放,每小节一次。您也可以用纸制作一个简易的"小喇叭",让宝宝对着"小喇叭"念白。

四、表演唱

小鸭子扁嘴巴

蒋振声词曲

1=F 2/4

```
(5 0 5 0 | 1 3 5 3 i | 5 0 5 0 | 1 3 5 3 i ) | ①1 3 2 | ②1 3 2 | ③4 3 2 1 |
                                                     小鸭子 扁嘴巴, 摇摇摆摆

④2 3 2 | ⑤1 3 2 | ⑥1 3 2 | ⑦4 3 2 1 | ⑧2 3 | 1 - | (0 0 |
嘎嘎嘎。 小鸭子 扁嘴巴, 摇摇摆摆 嘎嘎嘎。

5 5) | 1 3 5 3 i | (5 5) | 1 3 5 3 i | 1 - | 1 - ‖
(白)嘎 嘎 嘎,      嘎 嘎 嘎。
```

学习目的：让小朋友认识小鸭子,模仿小鸭子左右摇摆走路的动作,丰富孩子想象力,培养动作表现力。

操作提示：全班或部分小朋友学小鸭子走路的动作,当唱到第④和第⑧小节时伴随音乐的节奏"嘎嘎"叫,最后六小节继续模仿小鸭子"嘎嘎"叫。

五、音乐听赏

1. 森　林　里

1=D 2/4

蒋振声曲

欢乐地

（五线简谱曲谱）

听赏提示： 春天来了，冰雪融化了，小鸟在小溪边欢叫。布谷鸟的歌声唤醒沉睡的森林，松鼠在枝头跳跃，连小熊也揉揉眼睛，迈着笨拙的步伐……您可以根据音乐形象创编各种森林中的故事，促进宝宝想象力的发展。

2. 摇到外婆桥

1=D $\frac{4}{4}$

蒋振声曲
胡济良改编

欢乐地

```
3  -  2  -  | 3  3̲ 1  2  -  | 6̣·  1̲ 6̣  1  | 3  3̲ 1  2  -  |
```

```
3  -  2  -  | 3  3̲ 1  2  -  | 6̣  1  2  6̣  | 5̣  -  -  -  |
```

```
3  3̲ 1̲ 2  -  | 3  3̲ 1̲ 2  -  | 6̣1̲ 6̣1̲ 6̣1̲ 6̣1̲ | 3̲ 3̲ 3̲ 1̲ 2̲ 0 |
```

```
3  3̲ 1̲ 2  -  | 3  3̲ 1̲ 2  -  | 6̣1̲ 6̣1̲ 6̣1̲ 6̣1̲ | 3̲ 3̲ 3̲ 1̲ 2̲ 0 |
```

```
           Ⅰ.                      Ⅱ.
6̣1̲ 2̲2̲ 3̲1̲2̲ | 6̣1̲ 2̲6̣5̣ 1̲2̲ :‖ 6̣1̲ 2̲6̣5̣ 1̲3̲ | 2  -  -  -  ‖
```

听赏提示：随着音乐的律动，我们似乎能感受到坐小船去看外婆的愉快心情。船上的桨儿轻轻地摇，时快时慢，马上就能见到外婆了……您可以根据乐曲内容与宝宝做摇船游戏，促进感官协调。

第十章　25个月至30个月的早期音乐启蒙

一、歌曲

1. 牙刷牙膏真要好

王 成 荣词
蒋振声、邓融和曲

1=F 2/4

牙刷 上下 忙 呀, 牙膏 吹泡 泡, 一起 搞清 洁呀, 天天 真要

好。 牙刷 上下 忙, 牙膏 吹泡 泡, 一 起 搞清 洁,

天 天 真要 好。 哎, 嗨, 天 天 真要 好。

学习目的: 引导宝宝培养良好卫生习惯。

操作提示: 本首歌曲的难点在倒数第四小节,您需要帮助宝宝准确演唱弱起节奏,同时注意提示休止符的停顿以及跳音的演唱技巧。您可以让宝宝在唱的时候,模仿刷牙的动作,也可以使用小道具增加刷牙的情境感。

2. 宝宝搭积木

金苗苓词曲

1=D 4/4

宝宝 搭积 木, 搭列 小火 车, 爸爸 妈妈 快坐 好,

爸爸 妈妈 快坐 好, 呜呜 呜呜 唱欢 歌。 歌。

学习目的: 培养宝宝的动手能力,促进想象力,培养亲情意识。

操作提示: 在唱这首歌时,您可以引导宝宝搭积木,以培养其动手能力和创造性思维。歌词描述了宝宝在搭积木的同时,不忘与自己的爸爸妈妈互动,这样的场景有助于培养宝宝的亲情意识。演唱中注意音阶的流畅性,除倒数第二小节可两拍一换气,其他均应每小节换气,这对气息的控制要求稍高一些。另外,应注意"呜呜呜呜"的音准并保持音符的跳跃性。

3. 早教中心朋友多

1=F 2/4

张东方词
蒋振声曲

热情地

（1. 2 3 1 | 5 5 5 0 | 2 3 2 3 5 5 | 2 3 | 1. 5 6 5 | 1. 5 6 5）| 3 3 2 1 | 5 5 5 |

　　　　　　　　　　　　　　　　　　　　　　　　　　　　1.早教 中心　朋友多，
　　　　　　　　　　　　　　　　　　　　　　　　　　　　2.早教 中心　朋友多，

（2 3 2 1 2 3 | 5 5 5）| 5 5 3 1 | 2 2 2 | （5 6 5 6 5 1 | 2 2 2）| 1 1 2 | 3 1 |

大家 都来　唱唱歌，　　　　　　　　　拍拍　小手
做做 游戏　跳跳舞，　　　　　　　　　拉拉　小手

5 5 | 3 0 | 2. 3 5 5 | 2 3 1 | 2 3 | 1 0 : ‖ 1 1 2 | 3 1 | 5 5 |

笑眯眯，　个 个脸儿 像花朵，　像花朵。　拉拉　小手　围成
围成圈，　踩踩小脚 多快活，　多 快 活。

3 0 | 2. 3 5 5 | 2 3 1 | 2 3 | 1 － ‖: （2 3 2 3 5 5 | 2 3 2 3 1 :‖ 5 1 2 3 | 2 3 5 6 | 1 0 1 0）‖

圈，　踩踩小脚 多快乐，多 快 乐。

学习目的：促进宝宝社会性发展，增强交往技能。

方　　法：这首歌曲适合在早教中心等机构中使用。先让宝宝学会聆听前奏和间奏，同时在前奏时以两个宝宝为一组，随着音乐的节拍手拉手踏步。演唱此曲时，两小节一换气，注意切分节奏与附点节奏要演唱准确。如果在家庭中演唱，爸爸妈妈可以一起加入，并适当更改歌词。

4. 布娃娃敲木琴

1=F 2/4

金苗苓词曲

中速

3 3 0 1 | 3 3 0 1 | 4 4 2（2 3 | 4 4 2）| 2 2 0 7 | 2 2 0 7 |

1.叮叮　咚 叮叮　咚 叮叮　咚，　　　　叮叮　咚，叮叮　咚，
2.布娃　娃布娃　娃敲木琴，　　　　　小小　木琴

3 3 1（1 2 | 3 3 1）: ‖ 4 4 3 3 | 2 1 7 | 1 － | 1 0 ‖

叮叮　咚，　　　　声音 真像 小黄 莺。
真好听，

学习目的：激发宝宝音乐兴趣，增强听辨能力，发展想象力。

操作提示：在演唱时，您可以引导宝宝联想自然界动物的美妙叫声，并模仿木琴的声音，使演唱跳跃并带有较强的节奏感。在后半段，告诉宝宝要像小黄莺一样唱得动听且连贯。

5. 勾 勾 手

1=D 2/4

王宜振词
孙又新曲

天真、认真地

5 6	5 0	5 6	5 0	5 6	5 <u>0 4</u>	3 5	2 0
勾 勾	手，	勾 勾	手，	谁 说	谎 话	是 小	狗，

1 3	2 0	5 6	3 0	2 5	5 3	1 —	1 0
勾 勾	手，	勾 勾	手，	咱 俩	是 朋	友。	

学习目的： 这是一首有趣的游戏歌曲。通过"勾勾手"的游戏，教育宝宝不要说谎，要团结友爱。

操作提示： 演唱时，注意歌词的抑扬顿挫并且把握好休止符的时值。

6. 机 器 人

1=D 3/4

刘明将词
金苗苓曲

3 2 1	3 2 1	2 — 3	2 — —	4 3 2
机 器 人	机 器 人	本 领	大，	做 起 事

4 3 2	1 — 2	3 — —	2 3 2	2 3 2
做 起 事	顶 呱 呱，		会 烧 饭	会 烧 饭

2 — 3	4 — —	3 4 3	3 4 3	2 3 2	1 — —
会 开 车，		会 计 算	会 计 算	会 图 画。	

学习目的： 通过歌曲认识、了解机器人，模仿机器人的各种动作，培养宝宝动作表现力。

操作提示： 唱这首歌的同时，您和宝宝可以玩一个遥控机器人的游戏。在唱歌前，您可以先和宝宝一起制作一个"遥控器"。找一张白色的硬板纸（可用废旧的包装盒纸），将其剪成长方形，在白色一面上，用笔画出几个用小硬币做模具的小圆圈，让宝宝选择喜欢的颜色自己上色。圆圈的间距应大一些，因为这一阶段的宝宝处于涂鸦期，还不能涂得很规则。您要鼓励宝宝拿起画笔，这有助于促进其手指动作能力。在唱歌时，让宝宝拿着遥控器，唱到机器人的各种本领时，让宝宝按下不同颜色的"按钮"。也可以交换角色，由宝宝来扮演机器人，而您使用遥控器进行"控制"。

二、音乐游戏

1. 听 音 蹲 下

1=D 2/4

巴　赫曲

学习目的： 激发宝宝对音乐游戏的兴趣,锻炼反应能力,培养节奏感。

操作提示： 在听这首乐曲时,您可以让宝宝随着音乐拍手、点头、走路、扭动、跳跃、奔跑。当音乐停止时,宝宝应该蹲下。如果爸爸妈妈也参与游戏,可以进行"抬轿子"的活动:爸爸妈妈双手交叉抓住对方手腕,形成一个稳固的"座椅",宝宝可以跨坐在父母手腕上,音乐响起的时候抬起"轿子",音乐停止时爸爸妈妈蹲下。

2. 叽叽、嘎嘎、嘤嘤

1=D 2/4

张友珊词
汪　玲曲

愉快地

1. 我是尖嘴巴的小鸡, 叽叽叽叽叽叽叽叽。 我是扁嘴巴的小鸭, 嘎嘎嘎嘎嘎嘎嘎嘎。 我是长脖子的小鹅, 嘤嘤嘤嘤嘤嘤。 要想认识我们, 可得看仔细。

2. 我是会捉虫的小鸡, 叽叽叽叽叽叽叽叽。 我是会游泳的小鸭, 嘎嘎嘎嘎嘎嘎嘎嘎。 我是会唱歌的小鹅, 嘤嘤嘤嘤嘤嘤。 我们都是好朋友, 常常在一起。

（"小动物"各自做自己的走步动作……）

学习目的：这是一首适合幼儿演唱的歌曲,旋律简单流畅,歌词形象生动。作者在每句的结尾部分特意加入一段模仿小动物叫声的音乐,使宝宝们可以更好地体验歌曲的欢快情绪。

操作提示：用快乐的情绪演唱,注意音准,吐字清晰,待演唱熟练后,可让宝宝们分组表演。

三、模仿操

1. 小 手 小 脚

1=F 2/4

蒋振声词曲

（1 3 1 3 | 5 5 5 | 2 2 3 2 | 1 -）‖: 1 3 1 3 | 5 5 5 | 4. 4 3 1 |

（白）1.小 手 小 手 拍 拍, 我 的 小 手
（白）2.小 手 小 手 拍 拍, 我 的 小 手
（白）3.小 脚 小 脚 踏 踏, 我 的 小 脚
（白）4.小 脚 小 脚 踏 踏, 我 的 小 脚

2 2 2 | 1 3 1 3 | 5 5 | 4. 4 3 1 | 2 2 1 :‖ 2 3 | 1 - ‖

举 起 来, 小 手 小 手 拍 拍, 我 的 小 手 抱 起 来。 跳 起 来。
转 起 来, 小 手 小 手 拍 拍, 我 的 小 手 藏 起 来。
踏 起 来, 小 脚 小 脚 踏 踏, 我 的 小 脚 踮 起 来。
踢 起 来, 小 脚 小 脚 踏 踏, 我 的 小 脚 踏 起 来。

学习目的：培养宝宝节奏感,培养跟随歌词做相应动作的能力。

动作说明：根据歌词做相应动作。您还可以和宝宝一起替换更多的歌词,激发宝宝的创造力。

2. 小 猫 操

1=F $\frac{2}{4}$

蒋振声词曲

(3 6　5 4 | 3 4　3 2 | 1 2　1 7 | 6 －) | 6 7　1 2 | 3　　3 |

（白）1. 小 猫　小 猫　喵　喵，
（白）2. 小 猫　小 猫　跳　跳，

6 7　1 2 | 3 3 | 3 6　6 5 | 3 #2 3 | 3 6　6 5 | 3 #2 3 |

小 猫　小 猫　喵 喵，　蹲 在 地 上　吃 小 鱼，　蹲 在 地 上　吃 小 鱼，
小 猫　小 猫　跳 跳，　别 让 老 鼠　跑 掉，　小 猫 小 猫　弯 弯 腰，

3 6　5 4 | 3 4　3 2 | 1 2　1 7 | 6 － : | (3. 5　6 | 6 －) |

站 起　身 来　伸 伸 腰，　伸 伸 腰。
找 找　尾 巴　哪 里 去，　哪 里 去？

学习目的：激发宝宝关心、爱护小动物的情感，从小树立人与动物和谐共处的理念。

动作说明："小猫小猫喵喵"，两手放在嘴边模仿摸胡子的动作，重复四次。

"蹲在地上吃小鱼"，蹲下，两手掌心朝上模仿吃小鱼的动作，重复四次。

"站起身来伸伸腰"，站起，两臂从腹前经胸前向上举，然后左右分开至两侧。

"小猫小猫跳跳"，两手模仿摸胡子的动作两次，然后原地跳两下。

"别让老鼠跑掉"，两手放在胸前，掌心朝前，做摆手动作，重复四次。

"小猫小猫弯弯腰"，两手模仿摸胡子的动作两次，然后左右弯腰各一次。

"找找尾巴哪里去了"，两臂下垂，左右摆动。

四、表演唱

你、我、他

1=C 2/4

李重光词曲

中速

```
5  3  | 5  0  | 5 5  5 3 | 5  0  | 1  3 | 1  0 |
你  唱    歌,      嗦嗦 嗦咪 嗦,      我  弹   琴,

1 1 3 3 | 1  0  | 5  5  | 3  5  | 1 3 1 3 | 1  0 ‖
多多 咪咪 多,      他  吹    喇  叭    哒嘀 哒嘀  哒。
```

学习目的：培养宝宝对人称代词的认知。通过使用孩子们熟悉的唱歌、弹琴、吹喇叭等活动,帮助他们分辨你、我、他。

操作提示：演唱时需情绪饱满、活泼愉快,并确保衬词连贯清晰。

五、律动

1. 拍　手

1=E 2/4

蒋振声曲

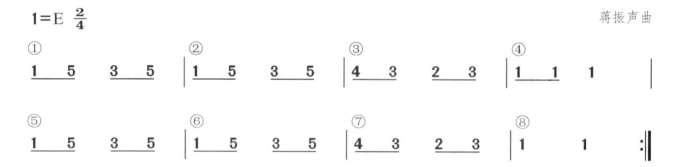

学习目的：培养宝宝的音乐节奏感,发展其动作协调能力和反应能力。

操作提示：随着音乐进行,每小节拍手一次。您可以和宝宝相互击掌,也可以改变手的位置,让宝宝找到您的手掌,保持有节拍感地击掌。

2. 拍 手 点 头

蒋振声 曲

1=A $\frac{2}{4}$

① 1 2 | ② 3 4 | ③ 5 5 | ④ 5 - | ⑤ 5 4 | ⑥ 3 1 | ⑦ 2 2 | ⑧ 2 - |

⑨ 1 2 | ⑩ 3 4 | ⑪ 5 5 | ⑫ 3 - | ⑬ 5 4 | ⑭ 3 1 | ⑮ 2 3 | ⑯ 1 - :||

学习目的：培养宝宝的节奏感,发展动作协调能力和反应能力。

操作提示：您可以和宝宝一起,在第①—④小节时,拍手四次;在第⑤—⑧小节时,点头四次;在第⑨—⑫小节时,拍手四次;在第⑬—⑯小节时,点头四次。拍手的方法可见前一首提示。

3. 小 腕 花

蒋振声 曲

1=D $\frac{2}{4}$

① 1 1 2 3 1 | ② 3 3 4 5 3 | ③ 5 1 2 4 | ④ 3 2 3 | ⑤ 1 1 2 3 1 | ⑥ 3 3 4 5 3 |

⑦ 5 1 2 4 | ⑧ 3 2 3 | ⑨ 1 1 2 3 1 | ⑩ 3 3 4 5 3 | ⑪ 5 1 2 3 | ⑫ 1 1 1 :||

学习目的：发展宝宝的动作能力,培养其节奏感和对音乐乐句的感知能力。

操作提示：您可以和宝宝一起,在第①—④小节时,两手上举,手腕随意转动;在第⑤—⑧小节时,拍手八次(每小节拍手两次);在第⑨—⑫小节时,两手再次上举,手腕随意转动。

六、音乐听赏

火 车

1=F 2/4

蒋振声曲

mf

5 - | 5 - | 5 6 5 4 3 4 3 2 | 5 6 5 4 3 4 3 2 ‖: 1 5 5 5 | 1 5 5 5 :‖

5 6 5 4 | 3 2 1 5 | 1 3 | 5 0 | 5 6 5 4 | 3 2 1 5 |

1 3 | 2 0 | 1. 1 | 6 1 | 4 5 6 | 5 - | 5 6 5 4 |

mp

3 2 1 5 | 1 3 | 1 0 ‖: 1 5 5 5 | 1 5 5 5 :‖ 5 - | 5 - ‖

听赏提示：一开始渐强的长音是火车鸣着汽笛由远而近的声音，接着是"咔嚓咔嚓"火车开动的声音，愉快的音乐伴着火车开动的节奏飘出窗外。

第十一章　31个月至36个月的早期音乐启蒙

一、歌曲

1. 好 娃 娃

余　惠词
蒋振声改词
蒋 振 声曲

1=G 2/4

(2 0 2 0 | 2 0 2 0 ‖: 1 1 6̣ 1 | 2 3 2 0 | 2 2 1 6̣ | 5̣ 5̣6̣1 2 | 3 3 3 1 | 2 0) |

2 2 3 1 | 6̣ 6̣ | 2 2 3 1 | 2 0 | 1 1 6̣ 1 | 2 3 2 | 2 2 1 6̣ | 5̣ 0 |

1. 爷爷 年纪 大呀，嘴里 缺了 牙。　我给 爷爷 端杯茶，爷爷 笑哈 哈，
2. 奶奶 年纪 大呀，走路 走不 快。　我给 奶奶 捶捶 腿，奶奶 笑哈 哈，

3 3 3 1 | 2 0 :‖ 1 1 6̣ 1 | 2 3 2 | 2 2 1 6̣ | 5̣ 0 | 3 3 3 1 | 2 0 ‖

爷爷 笑哈 哈。　都说 我是 好娃 娃，是个 好娃 娃，　大家 笑哈 哈。
奶奶 笑哈 哈。

学习目的：引导宝宝尊敬老人，并学会感受亲情的温暖。

操作提示：在演唱歌曲时，可以根据歌词做相应的动作，情境再现。在家中演唱这首歌曲时，可以在真实情境中进行表演；在早教中心运用这首歌曲进行音乐活动时，可参照如下方式：

第一段歌词：请一个小朋友扮演老爷爷，另一小朋友扮演孙儿，"孙儿"扶着"爷爷"坐下，并随着音乐节奏跑去端杯茶。

第二段歌词：请一个小朋友扮演老奶奶，另一小朋友扮演孙儿，"孙儿"扶着"奶奶"坐下，边唱边给"奶奶"捶腿。"爷爷、奶奶"时不时爱抚一下"孙儿"的头。

2. 小 拖 鞋

1=♭E　4/4

愉快地

王吉赛词
王学芬曲

(6 - 5 0 | 4.3 2 1 2. 35 | 6 - 5 0 | 4.3 2 3 1 -) | 5 5 3 4 5 6 5 |

小拖鞋呀真正好，

6.6 5 3 2 3 2 0 | 6 - 5 0 | 6 - 5 0 | 4.3 2 2 1 0 |

和我一起唱歌谣，　拖　拖，　拖　拖，　踏踏踏踏踏。

‖: 5 5 5 5 | 4.4 4 4 4 0 :‖ 6 5 4 3 | 2.2 2 2 1 0 :‖

拖拖拖拖　踏踏踏踏踏，　拖踏拖踏，唱呀唱歌谣。

学习目的： 引导宝宝感受歌曲中"小拖鞋"与"我"之间的亲密友好关系以及其中的快乐情绪。

操作提示： 演唱时要欢快活泼，衬词的旋律及节奏变化要准确把握，可加入一些律动表演。

3. 大鞋和小鞋

1=D　2/4

活泼地

金　潮词
汪　玲曲

5 5 | 6 6 3 | 5 6 5 | 5 5 1 2 | 3 - | 4 4 | 3 3 1 |

1.我 穿 爸爸 的 鞋，　就像 两只 船，开 在 大大 的
2.我 穿 娃娃 的 鞋，　就像 两顶 帽，套 在 小小 的

2 3 2 | 6 5 | 4 3 | 2 2 2 2 | 1 - | 5 5 5 |

海洋里，踢 踏，踢 踏，踢踢踢踢 踏。　踢踢踏，
脚趾上，的 笃，的 笃，的的的的 笃。　的的笃，

6 6 6 | 4 4 4 | 5 5 5 | 4 3 | 2 2 2 2 | 1 2 2 | 1 - :‖

踢踢踏，踢踢踏，踢踢踏，踢 踏，踢踢踢踢 踏。踢踢踏。
的的笃，的的笃，的的笃，的 笃，的的的的 笃。的的笃。

学习目的： 理解歌词，与宝宝一起体验交换穿鞋游戏的快乐。

操作提示： 演唱时，音色应柔和明亮，衬词处可唱得短促、跳跃。体会在"穿大鞋、穿小鞋"游戏时，歌曲在演唱力度上的不同表现。

4. 礼　貌　歌

1=G　2/4

金苗苓词曲

中速

（ 6̲1̲6̲ 3̲5̲6̲ | 6̲1̲6̲ 3̲5̲6̲ | 6̲·1̲ 6̲5̲ | 53̲· | 3̲5̲2̲ 6̲1̲2̲ | 3̲5̲2̲ 6̲1̲2̲ | 3̲·5̲ 2̲1̲5̲ | 6̲ 6̲6̲6̲ ） |

‖: 6̲6̲ 1̲2̲ | 3̲3̲3̲ | 3̲2̲ 1̲2̲ | 1̲6̲ 6̣ | 6̣ 1̲3̲ | 2̲2̲ | 3̲2̲ 1̲2̲ | 6̣ - :‖

1. 早晨 爸爸 送我去，早教 中心 真热闹，爸爸　再见　老师 你　早。
2. 下午 妈妈 来接我，我对 妈妈 先一笑，老师　再见　妈妈 你　好。

学习目的：引导宝宝学习使用礼貌用语，培养文明礼貌的好习惯。

操作提示：在演唱时，您可以让宝宝边演唱边随着音乐的律动跳跃。本曲每两小节一换气，重点是让宝宝体会二拍子的律动以及长短音的对比，同时注意前奏与演唱的衔接，感受一字对两音的连线唱法。

5. 大苹果红艳艳

1=D　2/4

志　同词
金奇苓曲

可爱地

（ 5̲5̲ 5̲3̲ | 6̲6̲ 6 | 2̲2̲ 2̲3̲ | 5 3̲2̲ | 1 - | 1 0 ） |

① ② ③ ④ ⑤ ⑥
5̲5̲ 5̲3̲ | 6̲6̲ 5 | 3̲3̲ 3̲2̲ | 1 3 | 2 - | 2 0 |
大苹果，红艳艳，就像我们小脸蛋。

⑦ ⑧ ⑨ ⑩ ⑪ ⑫
5̲5̲ 5̲3̲ | 6̲6̲ 6 | 2̲2̲ 2̲3̲ | 5 3̲2̲ | 1 - | 1 0 :‖
多好看，多香甜，人人见了都喜欢。

学习目的：感受音乐的美，提高宝宝音乐表达的感染力。

操作提示：在演唱这首歌曲时，您可以让宝宝双手捧在胸前，做拿苹果的动作，身体随着音乐的律动左右摇摆。此曲共分两乐句，分别为第①—⑥小节和第⑦—⑫小节，演唱时的气口处理方法相同，即前两小节一口气完成，第③小节单独演唱，第④—⑥小节不换气。演唱时还应引导宝宝感受连线中一字多音的演唱方法。

6. 我要开飞机

1=F 2/4

儿 歌
汪 玲曲

神气地

```
3  3   3  4  | 5.  0  3  -  | 1  -  | 6 6  6 6  | 4 6  | 5  -  |
(师)飞 机  飞  得   快,    (生)呜!        (齐)快 快  飞 到  旅 游  地
```

```
5  0  | 2 2  2 3  | 4.  0  5  -  | 3  -  | 2 2  2 4  | 3  2  |
呀,   (师)飞 机  飞  得  高,  (生)呜!      (齐)高 高  飞 在  白 云
```

```
1  -  | 1  0  5.  5  | 3  1  | 6 6  6 5  | 6  -  | 5.  5  |
里        呀,  (师)空   中  小 姐  总 是  笑 眯  眯,   (生)问  我
```

```
3 3  3 1  | 6 6  | 5  -  | 2 2  2 3  | 4  4  | 5 5  5 4  | 3  -  |
喜 不  喜 欢  乘 飞   机,  (齐)我 说  长 大  以 后   我 要  开 飞  机,
```

```
2 2  2 3  | 4  4  | 3 3  2 2  | 1  -  ‖: 5  -  | 1  -  :‖
我 说  长 大   以 后   我 要  开 飞   机。     呜!
```

学习目的: 这是一首师生对唱歌曲,旋律活泼,节奏欢快,非常形象地展现出飞机在天空飞翔,以及孩子长大后想要成为飞行员的美好愿望。

操作提示: 演唱时要吐词清晰,声音响亮,情绪欢快。注意对唱的衔接,确保衬词的音准。

二、表演唱

1. 骑上我的小车

糜佳乐词
蒋振声曲

1=E 2/4

```
3 4  2 3  | 1  1  | 3 3  2 3  | 1  1  | 3 3  3  | 5 5  5  | 3 3  2 1  |
骑 上  我 的  小 车   真 呀  真 快  乐 呀,  小 手 儿  招 一 招  脸 上 笑 哈
```

[1.]
[2.]

```
2  -  :‖ 3 3  2 2  | 1  0  | 3 3.  | 5 5.  | 3 3  2 2  | 1  0  ‖
哈。      脸 上  笑 哈   哈。   叮 铃,  叮 铃,  我 呀  我 来  了。
```

学习目的: 培养宝宝从小爱运动的好习惯,激发他们对音乐的兴趣,增强模仿能力,发展想象力。

动作说明: 双手握拳,做扶车把状,两脚按节拍交替做踏车状。表演唱可以单人,也可以集体进行,并根据环境排列各种不同的队形。

2. 数 字 歌

金 近词
马 成曲

1=D 2/4

(1 2 | 3 - | 5 5 3 2 | 1 1) ‖: 5 5 3 | 5 5 0 | 6 5 3 |

1. 一 二 三 呀, 爬 上
2. 七 八 九 呀, 朝 前

5 5 0 | 6 5 3 | 2 2 0 | [1.] 5 3 1 | 2 - :‖ [2.] 5 5 3 2 | 1 - ‖

山 呀, 四 五 六 呀, 不 停 留。 就 是 两 只 手。
走 呀, 十 个 手 指 头 呀,

学习目的: 感受音乐韵律,让宝宝在歌曲中学习数数,培养初步的数字概念。

操作提示: 这首歌曲要求每两小节一换气,教师需提醒宝宝注意一音对两字的演唱,同时教会宝宝从第二段开始到结尾需跳过第一段结尾"小房子"部分。根据歌词的含义和表演的需求,教师可以设计不同的表演唱形式。

三、模仿操

天天锻炼身体好

1=F　2/4

蒋振声词曲

（3 3　6 6 | 5 6　5 4 | 3 2　1 7 | 6 6）| 3 3　6 6 | 5 6　5 4 | 3 2　1 2 |
　　　　　　　　　　　　　　　　　　　　　　　　　（白）太阳 眯 眯 笑，　　　我们 起得

3 0 | 3 3　6 6 | 5 6　5 4 | 3 2　1 7 | 6 0 | 6 6　1 7 | 6　1 |
早，　　一 二，一 二，做早操，　做 早 操。　先学 小鸟 飞，　飞

2 2　1 2 | 3 — | 3 3　6 6 | 5　4 3 | 2 2　3 1 | 2 — | 6 6　1 2 |
飞呀 飞呀飞，　再学 小兔 跳，　跳呀 跳呀 跳，　学着 马儿

3 0 | 6 6　1 2 | 3 0 | 3 3　6 6 | 5 6　5 4 | 3 2　1 7 | 6 — ‖
跑，　跑呀 跑呀 跑，　天天 锻炼 身体 好，　身 体 好！

动作说明：这首歌自然地将培养宝宝热爱运动和养成勤奋好习惯的意图融入轻松的音乐中，实现寓教于乐。做操时，可以根据旁白做相应的动作，如：

"太阳眯眯笑"：双臂向上举，双手做圆形，模仿太阳的形状。

"我们起得早"：双臂从腹前至胸前向上举，然后左右分开至身体两侧。

"一二，一二"：双手前平举，手心向下。

"做早操"：两手自然下落，回到身体两侧。

"做早操"：重复"一二，一二，做早操"的动作。

"先学小鸟飞，飞呀飞呀飞"：两臂左右平伸，模仿小鸟飞翔，上下轻轻摆动。

"再学小兔跳，跳呀跳呀跳"：两臂屈肘，双手放在脑袋两侧，手心向前，模仿兔子的耳朵，同时在原地向上跳四次。

"学着马儿跑"：双手握拳前平举，模仿握缰绳的姿势，同时原地在小跑步。

"天天锻炼身体好"：原地踏步。

四、律动

1. 小白兔蹦蹦跳

蒋振声曲

1=F 2/4

1 2 3 2 1 | 1 2 3 2 1 | 3 4 5 3 1 | 3 4 5 3 1 | 2 2 3 1 | 2 0 |

1 2 3 2 1 | 1 2 3 2 1 | 3 4 5 3 1 | 3 4 5 3 1 | 2 2 3 2 | 1 0 ‖

学习目的：引导宝宝做双脚并拢向前跳的动作，以提高宝宝平衡能力。

操作提示：在音乐进行时，您可以让宝宝的双手放在头两侧，模仿小白兔的耳朵，随着音乐双脚并拢轻轻向上跳。您也可以和宝宝并排站立，然后伴随音乐的节拍一起跳，以培养宝宝的节拍感和反应能力。

2. 碎　步

蒋振声曲

1=F 2/4

3 5 5 5 | 3 5 5 5 | 5 5 6 5 | 4 - | 2 4 4 4 | 2 4 4 4 | 5 5 4 5 | 3 - |

3 5 5 5 | 3 5 5 5 | 5 5 6 5 | 2 - | 7 2 2 2 | 7 2 2 2 | 5 5 4 2 | 1 - ‖

学习目的：培养宝宝的节拍感，发展其动作能力，培养想象力。

操作提示：在音乐进行时，您可以让宝宝双手叉腰，双脚前掌着地，随着音乐节奏向前走。您也可以和宝宝一起拍手或击掌，每小节拍击一下，或改变手的位置，引导宝宝找到您的手掌，并保持有节拍感地击掌，以培养宝宝的节拍感和反应能力。

3. 小鸟飞呀飞

蒋振声曲

1=G 3/4

5 - 3 4 | 5 - 3 4 | 5 - 6 5 | 4 - - | 2 - 7 1 |

2 - 7 1 | 5 - 4 2 | 3 - - | 5 - 3 4 | 5 - 3 4 |

5 - 6 5 | 2 - - | 2 - 7 1 | 2 - 7 1 | 5 - 4 2 | 1 - - ‖

学习目的：引导宝宝感受音乐的美，发展动作能力，培养想象力。

操作提示：在音乐进行时，您可以让宝宝的双臂侧平举，做翅膀状，手臂放松上下飘动，并做鸟飞状，碎步向前。您还可以抱着宝宝，让他（她）的小手抓住一块丝巾，随着节拍转圈，让丝巾在音乐声中飘荡。通过这样的游戏，让音乐的美注入宝宝的心田。

五、歌舞

在 一 起

（亲子舞）

蒋振声、张添立词
蒋　振　声曲
奚　　岚编动作

1=♭E　2/4

活泼　欢快地

(1 5　5 5 | 5 0 4 3 | 2　3 4　4 0 | 3 3　3 | 2 0 1 2 | 1 0 | 1 0) ‖

① 1　5　5 5 | ② 5　4 3 | ③ 5 － | ④ 5 － | ⑤ 1　5　5 5 | ⑥ 5　4 3 | ⑦ 2 － | ⑧ 2 －

1. 小　朋　友 们　在　一　　起，　　　　唱　歌　跳 舞　花　园　里，
2. 小　朋　友 们　在　一　　起，　　　　跷　跷　板 呀　滑　滑　梯，
3. 小　朋　友 们　在　一　　起，　　　　骑　骑　木 马　转　转　椅，

⑨ 1　5　5 5 | ⑩ 5　4 3 | ⑪ 2　3 | ⑫ 4 0 | ⑬ 3 3 3 3 | ⑭ 2　1 2 | ⑮ 1 － | ⑯ 1 0 ‖

蹦　蹦　跳 跳　做　游　戏，做　游　戏，　　你　追　我 呀　我　追　你。
爸　爸　妈 妈　快　快　来，快　快　来，　　你　们　爱 我　我　爱　你。
爷　爷　奶 奶　快　快　来，快　快　来，　　抱　抱　我 呀　亲　亲　你。

动作提示：

第一段：①—④小节，家长与宝宝手握手转圈。

⑤—⑧小节，家长与宝宝面对面原地拍手，跟随音乐每拍同步拍手一次。

⑨—⑫小节，家长与宝宝面对面原地做"小兔跳"，每拍跳一次。

⑬—⑯小节，家长向前小跑，宝宝在后面小跑追。

第二段：①—④小节，同第一段①—④小节。

⑤—⑧小节，家长与宝宝手拉手做一上一下的"跷跷板"动作，每个节拍交替上下。

⑨—⑫小节，家长与宝宝双手上举，做大幅摆动，每拍摆动一次。

⑬—⑯小节，家长与宝宝互相拥抱。

第三段：①—④小节，同第一段①—④小节。

⑤—⑧小节，家长的左手与宝宝的左手相拉，原地转圈。

⑨—⑫小节，同第二段⑨—⑫小节。

⑬—⑯小节，家长与宝宝亲吻对方的脸颊。

六、音乐听赏

1. 滑 滑 梯

1=D 2/4

蒋振声曲

i. 6 6 6 | 3 6 6 | i. 6 6 6 | 3 6 6 | i 2 i 7 6 7 6 5 | 3 i 2 3 | 6 6 6 | 6 0 |

6 6 3 3 | 6 6 3 0 | i. i 6 5 | 3 - | 2 2 3 3 | 5 5 3 0 | 5. 5 3 i | 2 - |

‖: 6. 6 | i i i 0 :‖ 5. 5 6 i | 6 5 3 2 | 5. 5 5 5 | 5 0 0 | 2. 2 3 5 | i 0 5 0 |

6. 6 3 6 | 6 0 0 ‖ 5 0 #5 0 | 6 0 | 6 0 6 | 7 0 7 | 2 2 7 | 6 0 6 6 ‖

D.C.

听赏提示： 您可以坐在沙发或凳子上，伸直双腿，让宝宝坐在您的膝盖上。随后，您可以让宝宝像滑滑梯一样从膝盖滑到脚尖处，宝宝一定会很开心，说不定还会情不自禁地哼唱出刚学会的乐曲呢！

2. 小 马 驹

1=E 2/4

徐昆芬曲
胡济良改编

中速

3 5 | 6 - | 6 | 3 2 3 5 | 6 - | 6 0 | 6 6 0 6 | 0 5 0 5 | 6 6 0 6 |

0 5 0 5 ‖: 6. 6 6 5 | 3 3 3 0 | 6. 6 6 5 | 3 3 3 0 | 0 6 1 2 | 3. 5 | 6 6 5 |

6 - | 6 6 5 | 3. 5 | 2 2 1 | 2 - | 2 2 1 | 2. 6 | 5 5 6 |

3 - | 5 5 3 | 2 3 2 1 | 6. 5 | 6 - :‖ 6. 6 6 5 | 3 3 3 0 | 6. 6 6 5 |

3 3 3 0 | 6. 6 6 5 | 3 3 3 0 | 6. 6 6 5 | 3 3 3 0 | 0 5 7 | 6 1 2 3 5 | 6 ‖

听赏提示： 乐曲开头想象小马驹的叫声以及清脆的马蹄声，小马驹矫健的身姿伴随欢快的音乐在翩翩起舞。舞毕，一声长嘶，小马驹又跑得无影无踪喽！

第十二章　37个月至42个月的早期音乐启蒙

一、歌曲

1. 划　船

西班牙民歌
张　宁译配

1=D　2/4

```
5  3  3   | 4  2  2   | 1  2  3  4 | 5  5  5   | 5  3  3   | 4  2  2   |
1.轻 轻 摇，  轻 轻 摇，   船 儿 水 中  飘 呀 飘；   轻 轻 摇，   轻 轻 摇，
2.划 向 前，  划 向 前，   两 岸 一 片  静 悄 悄；   划 向 前，   划 向 前，

1  3  5  5 | 1  -      | 2  2  2  2 | 2  3  4   | 3  3  3  3 |
船 儿 飘 呀  飘。         微 风 吹 动  水 面，     涌 起 一 阵
两 岸 静 悄  悄。         我 们 快 乐的 歌 声，     引 来 一 群

3  4  5   | 5  3  3   | 4  2  2   | 1  3  5  5 | 1  -     :|
波 涛，     精 神 爽，    乐 陶 陶，   大 家 齐 欢  笑。
水 鸟，     欢 歌 声，    笑 语 声，   在 水 面 缭  绕。
```

学习目的：伴随着这首流传已久的西班牙民歌，引导宝宝运用简洁的节奏和平稳的旋律，演绎划船时的欢乐情景。

操作提示：演唱时注意同音进行和一字双音的准确，用自然纯真的声音表现歌曲的愉悦情绪。

2. 筷 子 歌

王 成 荣词
蒋振声、邓融和曲

1=D 4/4

$(\underline{3\ 0}\ \underline{1\ 0}\ \underline{3\ 0}\ \underline{1\ 0}\ |\ \underline{5\ 0}\ \underline{5\ 0}\ \underline{5\ 0}\ 5\ \ 0\ |\ \underline{2\ 3\ 4}\ \ \underline{3\ 4\ 5}\ |\ \underline{\dot{1}\ 0}\ \underline{\dot{1}\ 0}\ \dot{1}\ -\ )\ |$

$\underline{3\ 0}\ \underline{1\ 0}\ \underline{3\ 0}\ \underline{1\ 0}\ |\ \underline{5\ 0}\ \underline{5\ 0}\ \underline{5\ 0}\ 5\ 0\ |\ \underline{4\ 0}\ \underline{2\ 0}\ \underline{4\ 0}\ \underline{2\ 0}\ |\ \underline{3\ 0}\ \underline{3\ 0}\ \underline{3\ 0}\ 3\ 0\ |$

筷　子　乖　乖　吃　得　快，　　不　挑　食　呀　长　得　帅。

$\underline{5\ 0}\ \underline{3\ 0}\ \underline{5\ 0}\ \underline{3\ 0}\ |\ \underline{2\ 0}\ \underline{3\ 0}\ \underline{4\ 0}\ 0\ |\ \underline{2\ 3}\ \underline{4\ 0}\ \underline{3\ 4}\ \underline{5\ 0}\ |\ \underline{1\ 0}\ \underline{1\ 0}\ \underline{1\ 0}\ 0\ :\|$

筷　子　乖　乖　吃　得　快，　　不　挑　食　呀　长　得　帅。

学习目的： 引导宝宝养成不挑食的好习惯。

操作提示： 在演唱时，您可以让宝宝伸出两手食指假装是筷子，边唱边用两个食指打节奏。注意掌握好跳音的音准，尤其是"fa"。演唱至倒数第二小节的一字对两音时，要对应准确，最后一拍的"sol"到最后一小节的"do"也要让宝宝能够逐渐唱准。

3. 玉 米 妈 妈

罗晓航词
冯 奇曲

1=D 4/4

$(\underline{6\ 5}\ \ 0\ \ \underline{6\ 5}\ \ 0\ |\ \underline{3\ 3}\ \underline{3\ 2}\ 1\ -\ )\ |\ \underline{3\ 3}\ \ \underline{3\ 3}\ \underline{1\ 0}\ |\ \underline{5\ 5}\ \ \underline{5\ 5}\ \underline{3\ 0}\ |$

　　　　　　　　　　　　　　玉　米　妈　妈，　爱　穿　外　套，

$\underline{3\ 5}\ \ 0\ \ \underline{3\ 5}\ \ \ 0\ |\ \underline{2\ 2}\ \ \underline{3\ 2}\ \ 2\cdot\ \ 0\ |\ 3\ \ 3\ \ \underline{3\ 1}\ 0\ |$

一　套　　一　套，　　裹　得　真　好，　　秋　天　到　了，

$5\ \ 5\ \ \underline{5\ 3}\ 0\ |\ \underline{6\ 5}\ \ 0\ \ \underline{6\ 5}\ \ 0\ |\ \underline{3\ 3}\ \ \underline{2\ 1}\ 1\cdot\ \ 0\ \|$

脱　下　衣　服，　　里　面　好　多　　玉　米　宝　宝。

学习目的： 增强宝宝对事物的认知能力，培养想象力。

操作提示： 在演唱时可以用一个真实的玉米让幼儿进行感知体验。

4. 我有一双小小手

陆爱珍词
张 翼曲

1=D 2/4

（3 3 2 1 1 ｜ 3 2 3 4 5 ｜ 5 6 5 6 5 4 ｜ 3 2 ｜ 1 2 3 5 7 ｜ i 0 ）

① 1 1 3 3 ｜ ② 5 5 5 0 ｜

1. 我 有 一 双 小 小 手，
2. 有 了 一 双 小 小 手，

③ 6 6 5 3 ｜ ④ 2 2 2 0 ｜ ⑤ 3 2 1 0 ｜ ⑥ 3 4 5 0 ｜ 5 6 5 3 ｜ 2 3 2 1 — ｜ 1 0 ：‖

一 只 左 来 一 只 右， 小 小 手， 小 小 手， 一 共 十 个 手 指 头。
能 洗 脸 来 能 漱 口， 会 穿 衣， 会 梳 头， 自 己 事 情 自 己 做。

学习目的： 引导宝宝热爱劳动，自己的事情自己做，培养良好的行为习惯。

操作提示： 演唱时，宝宝根据歌词分别伸出左右手，并展示十个手指头。在唱到"洗脸""漱口""穿衣""梳头"时，随着音乐节奏表演相应的动作。此曲前四小节可两小节一换气，第⑤⑥小节每一小节换一次气，最后四小节应一口气唱完。注意倒数第三小节连线，即一字对两音的演唱要准确。

5. 小八腊子开会喽

（上海方言演唱）

张添立、陈嵩云词
蒋 振 声曲

1=G 2/4

白：落雨喽，打烊喽，小八腊子开会喽！

5 3 5 ｜ 6 3 5 ｜ 5· 6 5 3 ｜ 2 2 2 ｜ 5 3 5 ｜ 6 3 5 ｜

落 雨 喽， 打 烊 喽， 小 八 腊 子 开 会 喽！ 搬 台 子， 搬 凳 子，

5· 6 5 3 ｜ 2 2 2 ｜ 5· 6 5 3 ｜ 2 3 ｜ 5 ∨ 6 6 5 0 ‖

大 家 都 来 写 写 字， 大 家 都 来 写 写 字， 写 写 字。

白：落雨喽，打烊喽，小八腊子开会喽！
　　搬台子，搬凳子，大家都来写写字。

学习目的： 让宝宝初步感受沪语童谣的独特韵味，了解上海方音带来的不同演唱风格。

操作提示： 这首歌曲诙谐幽默、富有童趣，其节奏鲜明的音乐将轰轰隆隆的雷声和滴滴答答的雨声表现得活灵活现，营造出既紧张又热闹的场景！

6. 冬天的雪娃娃

1=♭E 3/4

朱 勤词
汪 玲曲

喜悦地

| 1 3 3 1 | 3 5 5 - | 1 3 3 1 | 2 3 2 - | 3 5 5 3 | 4 4 4 0 |

雪花飞， 落树梢， 地上树上 全白了。 雪娃娃呀 哈哈哈哈，

| 1 3 3 1 | 2 2 2 2 0 | 3 3 2 3 1 | 3 3 2 3 1 | 5· 5 3 5 | 1 - - ‖

雪娃娃呀 哈哈哈哈， 冬天来到了， 冬天来到了， 冬 天 来到 了。

学习目的： 让孩子想象冬天雪花飘落后的雪景，感受音乐的优美与歌曲的欢乐气氛。

操作提示： 演唱时声音要明亮，情绪要饱满，把握好三拍子的动感节奏。

7. 我叫"轻轻"

1=G 3/4

张友珊词
汪 玲曲

真挚地

| 1 3 3 1 | 1 6̣ 0 | 6̣ 2 2 2 2 | 2 1· 3 | 2 2 0 |

1. 走路轻轻 轻轻， 上夜班的阿 姨还 没醒呀，
2. 说话轻轻 轻轻， 奶奶灯下看 书多 用心呀，

| 1 3 3 1 | 1 6̣ 0 | 5̣ 6̣ 6 6 1 6 | 5̣· 6̣ 5 6 | 1 - - ‖

敲门轻轻 轻轻， 给 邻居叔叔送 呀送封 信。
大家夸我是 好孩子， 给我取个名字叫 呀叫"轻轻"。

学习目的： 这首歌曲旋律舒缓，节奏流畅。歌词展现了说话"轻"、走路"轻"的好习惯，并通过演唱培养宝宝讲文明、懂礼貌的良好品质。

操作提示： 演唱时要声音轻柔，吐字清晰，注意体现三拍子的节奏特点。歌词中的"奶奶"也可改唱为"爸爸""妈妈"等。

8. 神奇的Do Re Mi

1=G 2/4

四 平词
汪 玲曲

轻快地

```
5̣  3·  2 | 1  0 | 5̣  1·  7̣ | 6̣  0 | 5̣  5̣ | 6̣  6̣ | 5̣  |
1.你  认  识 我，   我  认  识 你，   你  是  快  乐  的
2.你  认  识 我，   我  认  识 你，   你  是  亲  爱  的
3.你  认  识 我，   我  认  识 你，   你  是  神  奇  的
```

```
1  2 | 3  - | 5̣  3·  2 | 1  0 | 5̣  1·  7̣ | 6̣  0 |
Do Re  Mi。   在  春  天  里，  在  树  林  里，
Do Re  Mi。   在  宁  静  里，  在  睡  梦  里，
Do Re  Mi。   在  幸  福  里，  在  节  日  里，
```

```
5̣  6 | 6  6 | 1  6̣ | 1  7·  1  2 | 1  - | 3·  1  3·  1 | 5̣  - |
你 变  成 了 小 鸟 的 歌   曲。  哩 哩 哩 哩  哩，
你 变  成 了 妈 妈 的 摇   篮 曲。 噢 噢 噢 噢  噢，
你 变  成 了 快 乐 的 舞   曲。  啦 啦 啦 啦  啦，
```

```
3·  1  3·  1 | 6̣  - | 7̣  7̣ | 1  2 | 2  1 | - | 1  0 :‖
哩 哩 哩 哩  哩，  哩 哩 哩 哩  哩！
噢 噢 噢 噢  噢，  噢 噢 噢 噢  噢！
啦 啦 啦 啦  啦，  啦 啦 啦 啦  啦！
```

学习目的： 这是一首二段体歌曲，A段以拟人的手法帮助宝宝熟悉音阶唱名，B段用八小节的衬词使整个歌曲变得活跃而富有朝气。

操作提示： 演唱时要气息平稳，声音甜美，吐字清晰，注意附点音符时值的准确性，衬词演唱应简短清晰，富有表情。

二、表演唱

"六一"到

1=D 2/4

蒋振声词曲

热烈地

6 <u>6 5</u> | 3 0 | 6 <u>6 5</u> | 3 0 | 6· 5 | 3 5 | 1 <u>1 2</u> | 3 0 ||
"六 一" 到, 喜 洋 洋, 敲 锣 打 鼓 真 热 闹。

<u>1 1</u> 2 | 3 5 | 3 <u>2 1</u> | 2 — | 6· 5 | 3 6 | 5 <u>3 1</u> | 2 0 :||
你 做 游 戏 我 唱 歌, 小 朋 友 呀 哈 哈 笑。

X X X X | X 0 | X X X X | X 0 | X X X X | X X | X X | X 0 ||
咚 咚 咚 咚 锵, 咚 咚 咚 咚 锵。 咚 咚 咚 咚 锵 咚 锵 咚 锵。

学习目的: 感受五声调式的音乐特点,想象欢庆的节日场面。

操作提示: 在表演时,可以根据歌词的内容做相应的动作,表达节日里快乐的心情。如:

"'六一'到喜洋洋":原地踏步。

"敲锣打鼓真热闹":左臂平举,右臂弯曲左右摆动做敲锣状。

"你做游戏我唱歌":双手放在嘴边,大声歌唱。

"小朋友呀哈哈笑":双手叉腰,前后摆动,模仿大笑。

"咚咚咚咚锵……":左臂平举,右臂弯曲左右摆动做敲锣状。

三、律动

1. 转　圈

1=G　2/4

蒋振声 曲

(6　5　|4　3　2　1　|2　-　|5　4　3　2)　|1　3　1　3　|5　5　3　|

5　5　3　1　|2　2　2　|1　3　1　3　|5　5　3　|5　5　6　5　|2　3　1　‖

学习目的:培养宝宝的节奏感,让他们感受音乐韵律,并发展动作能力。

操作提示:在音乐进行时,您可以让宝宝双手叉腰走碎步,自左向右原地自转一周。您也可以让宝宝的双臂侧平举,做翅膀状,手臂放松上下飘动,做鸟飞状,碎步向前行进。您还可以抱着宝宝,让他(她)的小手抓住一块丝巾,随着音乐转圈,让丝巾在音乐声中飘荡。

2. 小　鸭　走

1=F　2/4

蒋振声 曲

中速

(4　6　|5　3　|2　4　|7　5　|1　3 3　1　3 3　5　5　3　0　|5.　5　6　5　|2　3　1　0　)　|

3　3　3　1　|3　3　3　1　|5　4　3　2　|1　3　5　|(5.　4　3　2　|1　3　5)　|3　3　3　1　|

3　3　3　1　|5　4　3　1　|2　3　1　|(5.　4　3　1　|2　3　1　:‖5.　4　3　1　|2　3　1)　X　　X　　X　-　‖

嘎!　嘎!　嘎!

学习目的:培养宝宝的节奏感,发展动作能力,丰富想象力。

操作提示:在音乐进行时,您可以让宝宝两臂伸直放在身体两侧,手指翘起,双脚贴地且膝盖微屈,随着音乐节奏稳步向前。您也可以启发宝宝想象其他的小动物以及它们的典型特征,让宝宝表现出来,从而培养想象力。

3. 马 儿 跑

1=♭E 2/4　　　　　　　　　　　　　　　　　　　　　蒋振声曲

学习目的： 培养宝宝的节奏感、发展动作能力,丰富想象力。

操作提示： 在音乐进行时,您可以和宝宝一起做骑马状,随着音乐原地踏步。您也可以跟随音乐节奏模拟马蹄声,并引导宝宝一同模仿,培养宝宝对音乐节奏的感知能力。

四、打击乐

娃娃进行曲

1=F 2/4
进行速度　　　　　　　　　　　　　　　　　　　　　蒋振声曲

学习目的： 引导宝宝感知音乐的节奏,提高他们对音乐的兴趣。

操作提示： 老师跟随乐谱敲击,在演奏时,八分音符要均匀,附点节奏要充分表现出来。由于三连音较难掌握,可以让宝宝先运用肢体动作感受三连音的节奏特点,然后再尝试演奏。老师也可以变换节奏音型让宝宝多感受其中的不同,如：X O | X O | X X | X O |……

五、舞蹈

找　朋　友

1=F　2/4

中速

蒋　振　声曲
奚　岚编动作

(X　X　| X　X　X　| X　X　| X　X　X) ‖: 5̣ 1　3 1 | ①⁵⁵ ⁵ ⁴⁵5 1 | ②2 4　3 2 | ③

1 3　5 | ⁴5̣ 2　4 2 | #⁴⁵5 5 ⁴5 2 | 5 4　3 2 | 1 3　1 :‖ 1 6̣ 1 | 4·　1 |

④⑤⑥⑦⑧⑨⑩

4·　5 6 6 | 5　－ | 2　6̣ 1 | 2·　2 | 5 4　3 2 | {3　－ 1　－ :‖

⑪⑫⑬⑭⑮⑯

动作说明：

这首歌曲适合在早教中心等机构中使用。通过"找找，找朋友"的形式，不仅让孩子在轻松的音乐中享受舞蹈的乐趣，同时也培养他们主动社交和团队协作的好习惯。舞蹈时可由教师引导做出相应动作，如：

前奏：边念白边拍手，"找找，找朋友"。

①—⑧小节，边拍手边走，自由寻找朋友。

反复①—②小节，找到朋友后面对面站立，左手叉腰，右手于体侧打开，右腿伸出，脚跟触地，做邀请状。

反复③—④小节，同①—②小节动作相反。

反复⑤—⑥小节，右手做敬礼的动作。

反复⑦—⑧小节，双方右手相握。

⑨—⑯小节，朋友们手拉手转圈。

反复⑨—⑯小节，朋友面对面站立，手心对拍，每一拍击掌一次。

音频尾奏：边挥手边说"朋友，再见了"。

六、音乐听赏

1. 逗　狗

1=F　4/4

蒋振声曲

```
(5 3 1  -  - | 5 4 2  -  - | 5 5 4 4 3 3 2 2 | 1 0 7 0 6 0 ♭6 0) |

‖: 5 3 1   5 3 1 | 5 5 3 1 2 3 2 | 5 4 2   5 4 2 |

5 5 3 1 2 3 1 :‖ 5 5 3 1 2 3 | 1  -  - 0 ‖: i  - 6 - |

i  - 5  - | 4  - 2  - | 3 4 5  - :‖ 5 3 1   5 3 1 |

5 5 3 1 2 3 2 | 5 4 2   5 4 2 | 5 5 3 1 2 3 | 1  -  - 0 ‖
```

听赏提示： 狗吠声由远而近，旋律线条不断起伏好像一群宠物狗在草地上不断地奔跑、欢跃……

2.欢 迎 曲
（快乐的节日）

1=A 2/4

蒋振声曲

欢快

（2 6 | 2 6 | 2 6 | 2 6 ）

2 - | 6 - | 2 - | 6 - | 2 2 6 6 | 2 2 6 6 | 5 3 2 1 2 3 | 2 - |

6 6 2 2 | 6 6 2 2 | 6 5 6 1 3 | 5 - | 6 1 6 1 2 2 | 3 2 3 5 2 | 6 1 6 1 2 2 |

1 2 1 7 6 | 5 6 1 5 4 3 | 2 3 2 | 2 - | 6· 1 | 2 5 4 3 | 5̆2 - | 6 - |

2· 3 | 1· 2 1 6 | 1̆5 - | 6 1 6 1 2 2 | 3 2 3 5 2 | 6 1 6 1 2 2 | 1 2 1 7 6 |

I.
5 6 1 5 4 3 | 2 3 3 | 2 - | 2 0 :‖
II.
2 ∨ 3 3 | 2 - | 2 - | （2 6 | 2 6 | 2 6 | 2 6 | 2 0 0 ）
2 0 0 ‖

听赏提示：这首乐曲具有浓郁的民族风格,全曲气氛热烈,节奏欢快。音乐开始时,随着锣鼓敲响,欢快、跳跃、活泼的音符便一泻而至,犹如人们载歌载舞地迎接尊贵的客人到来。本曲也适合用作欢庆节日的音乐。

第十三章　多彩的音乐世界

音乐在孩子们的成长中扮演着至关重要的角色。每一首精心挑选的歌曲,不仅仅是旋律的流淌,更是故事的讲述与情感的展现。在这些音符之间,蕴藏着文化的深度与情感的丰富。幼嫩的耳朵聆听着,小小的心灵体验着。这些旋律仿佛一座斑斓的彩虹桥,连接着孩童纯真的内心与这个多彩的世界,让他们在音乐的引领下自由翱翔,激发出无限的想象力和创造力。

1. 下　雨　啦

米　珏曲

$1 = {}^{\flat}E$　$\frac{4}{4}$

6　3　6　0　｜6　3　6　0　｜6̣ 3　3̲ 3̲ 2̲ 3　X　｜6̣ 2　2̲ 1̲ 2　X　｜

5̲ 6̲　5̲ 6̲　2̲ 6̲ 1　｜5̲ 6̲　5̲ 6̲　2̲ 6̲ 1　｜3 5.　1̲ 3̲ 3　0　｜

3 5.　1̲ 3̲ 3　0　｜2̲ 2̲ 2̲ 1̲ 6̣ 5̣　｜1　－　－　3̲ 5̲ 6　0　0　0　‖

听赏提示:下雨啦,下雨啦! 淅淅沥沥的雨声由小到大,由弱到强,为我们展开一幅栩栩如生的雨景图。

2. 小动物跳舞

晓　虹曲
胡济良改编

1=F 4/4

3 3　3 3　3 3 5 | 5 5 5　5 4 2　0 | 2 2 2　2 2 2　2 3　4 |

5 4　3 2 3　0 | 3 3　3 3　3 3 5 | 5 5 5　5 4 2　0 |

2 2 2　2 2 2　2 3　4 | 5 4　3 2 1　0 ‖: 5.　4 3 2 | 1 — — 0 ‖

听赏提示： 黄莺在枝头唱着歌，布谷鸟叫了，八哥也来凑热闹……小松鼠和小猴子随着旋律线条的起伏翩翩起舞，连老牛也情不自禁地长吼一声，扭动着笨重的身体……

3. 七彩音符

金苗苓曲
胡济良改编

1=F 2/4

中速

1 2　3 4 | 5 6　7 i | i 7　6 5 | 4 3　2 1 ‖: 3 3　0 1 | 3 3　0 1 |

4 4　2 2 3 | 4 4　2 | 2 2　0 7 | 2 2　0 7 | 3 3　1 2 2 | 3 3 1 |

3 3　1 | 4 4　3 3 | 2　1 7 | [1.] 1 —　| 1 0 :‖ [2.] 1 — |

1 1 2　3 4 | 5 4　3 2 | i 7　6 5 | 4 0　2 3 | 1 — | 1 0 0 ‖

听赏提示： 清脆的音乐奏出级进的音符。伴奏织体简练细腻，注重音色效果，在反复出现的主题中，把七彩音符演绎得淋漓尽致。

4. 我的小闹钟

朱胜民词
金泉生曲

1=♭B　2/4

(i· i 2 i 6 | 5 5 6 5 3 | 2 1 2 3 2 | 1 1) | 5 5͡3 | 6 6 i 5 |

　　　　　　　　　　　　　　　　　　　　　　　1. 我　的　小闹钟，
　　　　　　　　　　　　　　　　　　　　　　　2. 我　的　小闹钟，
　　　　　　　　　　　　　　　　　　　　　　　3. 我　和　小闹钟，

i· i 2 i | 5 - | 6 6 6 5͡6 | i· 6 5 3 | 5 1 2 5 3 | 2 - |

叮　铃 铃 铃 叫，　　每 天 一 大 早　呀 哈 为 我 来 放 哨，
脾　气 真 不 小，　我 动 作 慢 腾 腾　呀 哈 它 可 不 轻 饶，
感　情 多 么 好，　它 爱 我　呀 哈 我 也 爱 它，

3 3 3 3 | 3 3 3 3 | 3 3͡5 1 2 | 3 - | 6 6 6 6 |

叮 铃 铃 铃，　叮 铃 铃 铃，　对 我 大 声 叫，　　叮 铃 铃 铃，
叮 铃 铃 铃，　叮 铃 铃 铃，　向 我 发 警 报，　　叮 铃 铃 铃，
叮 铃 铃 铃，　叮 铃 铃 铃，　它 在 向 我 笑，　　叮 铃 铃 铃，

6 6 6 6 | i 6͡5 3 5 | 1 - : | 结束句 5 3 5 6 5 | i - ‖

叮 铃 铃 铃，　不 要 睡 懒 觉。　　　　　催 我 快 快 跑。
叮 铃 铃 铃，　快 上 幼 儿 园。
叮 铃 铃 铃，　催 我 快 快 跑，

听赏提示："叮铃铃,叮铃铃",我们仿佛听到了小闹钟的响声。旋律的逐渐升高,附点音符与十六分音符的加入,使曲调更加欢快活泼。歌曲为一段体结构,歌词通俗易懂。

5.冬 天 来 了

王思新、胡济良 曲

1=♭E 2/4

$\dot{1}\ \dot{7}$ ‖: 6 — | 6 — | $\dot{6}\ \dot{6}$ $\dot{1}$ | $\dot{7}\ \dot{6}\ \dot{5}\ \dot{3}$ | $\dot{2}\ \dot{2}$ $\dot{3}$ | $\dot{7}$ 0 $\dot{2}\ \dot{1}$ |

6 — | 6 $\dot{6}$ | $\dot{3}$ 0 $\dot{6}\ \dot{5}$ | $\dot{6}$ 0 | $\dot{7}$ 0 $\dot{6}\ \dot{5}$ | $\dot{3}$ 0 | $\dot{2}$ 0 $\dot{2}\ \dot{3}$ |

$\dot{4}$ 0 $\dot{6}$ | $\dot{1}$ $\dot{5}\ \dot{6}$ | $\dot{3}$ $\dot{1}\ \dot{7}$ | $\dot{6}$ — | 0 $\dot{1}$ $\dot{6}\ \dot{5}$ | $\dot{3}$ — | 0 $\dot{7}$ $\dot{5}\ \dot{3}$ |

$\underline{\dot{4}}$ 0 $\dot{6}$ 0 | $\dot{3}$ 0 $\dot{1}$ 0 | 5 3 | $\dot{6}$ — | $\dot{6}$ 0 $\dot{1}\ \dot{7}$ | $\dot{6}$ — | $\dot{6}$ — |

0 $\dot{3}$ $\dot{6}\ \dot{1}$ | $\dot{7}$ $\dot{3}$ | 0 $\dot{2}$ $\dot{6}\ \dot{1}$ | $\dot{2}$ 0 $\dot{5}\ \dot{6}$ | $\dot{6}$ $\dot{3}$. | $\dot{3}$ 0 $\dot{1}\ \dot{7}$ | $\dot{6}$ — |

$\dot{6}$ — | 0 $\dot{4}$ $\dot{6}\ \dot{1}$ | $\dot{7}$ $\dot{3}$ | $\dot{2}$ 0 $\dot{3}$ | $\dot{2}\ \dot{3}$ $\dot{3}\ \dot{5}$ $\dot{5}\ \dot{6}$. | $\dot{6}$ ($\dot{1}\ \dot{7}$) :‖

结束句

2 — | $\dot{3}$ — | $\dot{3}$ — | 0 $\dot{7}$ | $\dot{6}$ — | $\dot{6}$ — | $\dot{6}$. | 0 ‖

听赏提示： 冬天来了，小动物们都休眠了，寂静的窗外雪花飘飘洒洒，像一个个小精灵在自由飞舞，2/4拍舒缓的旋律让我们仿佛看到了白雪皑皑又寂静的大地，没有春天的生机勃勃和夏天的热情似火，只有历经缤纷、千番流转后的沉静与平和。

6. 白雪白，红灯红

陈镒康词
蒋振声曲

1=C 2/4

```
6  6   3 3 | 6 6 3 | i. i   6 5 | 6 5   6 | 1 2 3 | 6. 6   3 3 |
```
1.白雪 白呀，红灯红，新 年 锣鼓 咚咚 咚，咚咚 响，拜 个 年呀
2.白雪 白呀，红灯红，鞭 炮 乐得 跳空 中，跳空 中，一 年 更比

```
2  2   1 6 | 3 3 3   6 6 | 5 3   2 | 0 1   1 2 | 3 5 | 6   i 5 |
```
问个 好呀，祝福 的 话儿 暖心 中，   拜 个 年呀，问个
一年 好呀，祖 国越 来越 繁荣，   一 年 更比 一年

```
6 6   5 | 1 1 2   3 6 | 5 3   2 1 | 2 1 6 | 6̣  - :| i 5 | 6 - ‖
```
好呀， 祝福 的 话儿 暖 心 中，暖心 中。   越 繁荣。
好呀， 祖 国越 来越 繁 荣，越繁 荣，

听赏提示："白雪白，红灯红"，我们仿佛看到了雪白的雪花漫天飞舞，红红的灯笼高高挂起，新年的场景被生动形象地描绘出来。切分节奏与附点节奏的加入，使旋律更加活泼，衬托出新年欢快的气氛。歌词通俗易懂，表达了人们对新的一年祖国越来越繁荣的祝福与期盼。

7. 布谷鸟打电话

胡济良 曲

1=♭E 4/4

天真、活泼地

5̌ 3̌ 0 3̌ 1̌ 0 | i̍ 6̍ 0 6̍ 4̍ 0 | 1̍ i̍ 6̍ 4 5̍ 2 7̣2 | 1 1̍567 i̍ 0 5̣ |

5̌ 3̌ 0 3̌ 1̌ 0 | 5̌ 3̌ 5̌ 3 3̌ 1̌ 0 | 2̌ 2̌ 2̌ 2 0 3̌ 1 5 | 2 1̍2 2 — |

6̌ 4̌ 0 4̌ 1̌ 0 | 6̌ 4̌ 6̌ 4 4̌ 1̌ 0 | 5̌ 5̌ 5̌ 5 0 5̌ 4 5 | 3 2̍3 3 — |

1̍ 1̍ 4 5 6 — | 1̍ 1̍ 4 5 6 — | 6̍ 5̍ 4 2· 0 | 5̍ 4 2̣ 7̣· 0 |

3· 3̍ 3 2̌ 2̌ 1 | 5 — — — | 5̌ 3̌ 0 3̌ 1̌ 0 | 5̌ 3̌ 5̌ 3 3̌ 1̌ 0 |

5̌ 2̌ 0 2̌ 7̣ 0 | 5̌ 2̌ 5̌ 2 2̌ 7̣ 0 | 1̍ 6̍ 6̍ 5 6 | 1̍ 6̍ 6̍ 5 6 — |

I. II.

5̌ 5̌ 5̌ 6 5̌ 3 7̣2 | 1 — 1 0 :‖ 结束句 1̍ 6̍ 6̍ 5 6 | 1̍ 6̍ 6̍ 5 6 — |

5̌ 5̌ 6̍ 5̍ 3̍ 7̣2 | 1 — 4 6 | ⌢5 — — — ‖

听赏提示: 咕咕,咕咕,一只布谷在打电话,告诉朋友们春天来了。漫山遍野好多花朵,赶快去玩耍。咕咕,咕咕,好多布谷在打电话,你传我,我传他,丛林中回荡着甜美的歌声,传递着迷人的童话。

8. 小羊、小猫和小鸭

金 苗 苓曲
胡济良 改编

1=♭E 2/4

5 5 | 4 4 | 3 3 2 | 3 3 2 | 4 4 | 3 3 | 2 2 |

1 - | 1 3 2 4 | 3 3 1 | (1 3 1 3 1) | 2 1 7 1 | 2 2 3 | 2 - |

3 5 4 3 | 2 4 3 | (2 4 2 4 3) | 2 1 7 1 | 2 2 | 1 - | 5 5 |

4 4 | 3 3 2 | (3 3 2) | 4 4 | 3 3 | 2 2 | 1 - ‖

听赏提示：伴随着"咩咩""喵喵""嘎嘎"三种不同的叫声，小羊、小猫、小鸭欢聚在一起。它们在干什么？它们在商量着要举办生日派对。活泼欢快的音乐主题为我们增添了无穷的乐趣。

9. 气球和焰火

陈嵩云词
茅光里曲

1=C 4/4

```
3  6  5  -  |  6  6̂ 3 5  -  |  5  5̂ 3  2̂1 2̂3  5.   6̂ 5  -  |
1.红 气  球，      绿 气   球，     蓝 气 球 黄 气   球，
2.红 焰  火，      绿 焰   火，     蓝 焰 火 黄 焰   火，
```

```
3  3  3̂5 6  -  |  6̂1 6̂5 3  -  |  2̂3 5̂1 6̂6 5  |  2̂1 2̂3 1  -  ‖
天 安 门 前    放 气   球，    气 球 气 球 气 球 呀，升 起 乐 悠 悠。
天 安 门 前    放 焰   火，    焰 火 焰 火 焰 火 呀，升 起 乐 哈 哈。
```

```
1̇.    1̇ 6     3  |  5.  5 5̂6 5   -  |  2̂1 2̂3 5̂6 5  |
祖     国，祖 国    我 们 热 爱 您，    向 您 敬 礼 举 起 手，
祖     国，祖 国    我 们 热 爱 您，    向 您 欢 呼 唱 起 歌，
```

```
3̂2  3  5  -  |  2.  3 5̂1 6̂5 3  |  6̂6 5̂6 1̇  -  :‖
举 起   手，     向 您 敬 礼 举 起 手，举 呀 举 起 手。
唱 起   歌，     向 您 欢 呼 唱 起 歌，唱 呀 唱 起 歌。
```

听赏提示： 简单的歌词通俗易懂，描绘了天安门前气球与焰火交错升起的热闹又繁荣的景象。歌曲为二段体结构，第二段中的切分节奏与附点节奏，使副歌部分的旋律更加激情澎湃，表达了小朋友对祖国的热爱与祝福。

10. 躲 猫 猫

1=C 4/4

胡济良 曲

活泼地

(3̲ 3̲3̲ 3̲ 2̲ i̲ 0 1̲ 0 | 3̲ 3̲3̲ 3̲ 2̲ i̲ 0 1̲ 0 | 5 5̲5̲ #4̲5̲ 5̲ 6̲ 4̲ 3̲2̲ |

5̲ 0̲5̲ 5 - 2̲3̲6̲5̲ | i̲ 0̲5̲ 6̲5̲ 0̲2̲3̲6̲5̲ | i̲ 0̲5̲ 6̲5̲ 0̲2̲3̲6̲5̲)

3 1̲2̲3̲ 5 - | 6̲5̲ 3̲6̲5̲ - | 3̲2̲ 3̲5̲1̲ 5̲3̲ | 2. 3̲2̲ - |

3 1̲2̲3̲ - | 6̲6̲ 3̲6̲5̲ - | 3̲3̲ 2̲3̲ 5̲#4̲5 | 6. i̲ 3̲2̲1̲ - |

(5̲ 5̲5̲ 5̲ 5̲ 6̲6̲ 3̲2̲ | 1̲ 1̲1̲ 1̲2̲ 1̲0̲ 1̲2̲) | 3̲ 3̲ 2̲ i̲ i̲ |

3̲ 3̲ 2̲ i̲ i̲ | 6 6 6̲5̲ 3̲6̲ | 5. 3̲2̲ - | i̲ i̲6̲ 5̲5̲0̲ |

6̲6̲ 6̲3̲5̲ 6̲6̲. | 5̲ #4̲ 5̲6̲ 3̲ 2̲3̲ | 5 - - - | 5̲ #4̲ 5̲6̲ i̲ 3̲2̲ |

i̲ 3̲2̲1̲ i̲ i̲ ‖: 5̲ #4̲ 5̲6̲0̲ 0 | 7̲ 0̲5̲ 6 | i̲ 0 0 0 ‖

听赏提示：活泼的旋律进行恰到好处,好像看到大人和宝宝玩"躲猫猫"的游戏。

11. 蝴 蝶 飞

唐 丽 娟曲
胡济良 改编

1=F　4/4 3/4 2/4

中速

（乐谱略）

听赏提示：三连音的加入为旋律增加了些许不稳定感，好像是小蝴蝶正在艰难地挣脱茧壳。不断变化的拍子丰富了音乐的层次，凸显了情感的变化，让我们见证了小蝴蝶破茧而出的力量和勇气，从而增强了音乐的感染力，引起我们的共鸣。我们仿佛看到了小蝴蝶自信地在天空中翩翩起舞，自由翱翔，对未来充满了无限的期待和憧憬。

12. 小　　鹿

1=D 6/8

王思新、胡济良曲

活泼、可爱地

(1 7 1 2 3 1 5. | 1 7 1 2 3 4 5. | 6 5 4 3 2 i 7 6 5 4 3 2̇ | i 7 6 5 4 3 2. |

1 7 1 2 3 1 5. | 1 7 1 2 3 4 5. | 4 3 2 1 7 6 5 4 3 2 1 7 | 6 5 4 3 2 5 1.)

1 7 1 5. | 1 7 1 5. | 4. 5 4 3 1 2. | 1 0 1 5 0 1 | 1 7 1 5. |

4 3 4 5 4 0 | 3 7 2 1 0 4 6 1 4 6 5 4 | 3 7 2 1. | 1 1 5 5 | 1 7 1 5. |

4 4 5 4 | 3 1 2. | 1 0 1 5 0 5 | 1 7 1 5. | 4 4 5 4 0 | 3 7 2 1. |

4 6 1 4 6 5 4 | 3 2 1 5 1 2 3 5 ‖: i. 6 4 1 | 4 6 5. | 4. 5 2 3. 3. |

i. 6 4 1 | 4 5 6. | [I.] 2̇. 6 7 6 5. 5. :‖ [II.] 5 6 7 2̇ | i. i. ‖

D.C.

结束句
5 6 7 2̇ | i. 3̇ 1 5 | i. i. i. i. | i 0 7 i 0 ‖

听赏提示： 伴着春风，大地复苏，冰雪开始融化，阳光照耀着整个森林。6/8拍的节奏轻松又欢快，我们仿佛看到了小鹿轻盈的身姿，有的小鹿从远处跑了过来，有的小鹿悠闲地在小溪边喝水。随着旋律音阶的不断模进上升，仿佛越来越多的小鹿加入到了聚会中，在共同憧憬着未来。

13. 小 蜻 蜓

1=D $\frac{2}{4}$

王思新、胡济良 曲

活泼、有趣地

听赏提示：灵动的颤音仿佛让我们看到了飞舞的小蜻蜓,它们飞高飞低、飞西飞东地捉蚊蝇。倚音的加入使旋律更加欢快活泼,旋律中的加花仿佛是小蜻蜓在对话,诉说着生活的美好。

14. 石 榴 花

冯幽君词
蒋振声曲

1=♭B 2/4

```
6  65 6  6 0 | 3  32 3  - | 6  65 6  6 | 3  32 3  0 |
```
1.2.石　榴　花，　　红似火，　　花谢　结个　石榴果，

```
6.  5 | 6  i | 2  i6 | 5  5 0 | 6 0 0 5 | 35 66 | 65 32 | 2  0 :|
```
石　榴果呀　长得　美呀，　扑　咪一　笑呀　咧开　嘴。
咧　开嘴呀　唱支　歌呀，　比　比谁　的　珍珠　多。

```
6.  5 | 6  i | 2  i6 | 5  - | 6 0 0 5 | 35 60 | 22 16 | 6  0 ||
```
咧　开嘴呀　唱支　歌，　　比　呀比　一比，　谁的　珍珠　多。

　　听赏提示：歌词采用了比喻和拟人的手法，形象生动地描绘了又红又饱满的石榴果。曲调为五声羽调式，富有浓郁的民族风味。八分休止符与附点音符的加入，使旋律更加活泼欢快。旋律动机的重复使歌曲更加朗朗上口，便于宝宝学习。

15. 敬礼，五星红旗

蒋振声词曲

1=♭E 2/4

```
1  5 | 3  1 | 5. 5 6 | 5  - | 6. 5 | 3  1 | 2. 2 3 |
```
1.敬　礼，敬　礼　五星红　旗，　　爱　你　鲜　艳爱你美
2.敬　礼，敬　礼　五星红　旗，　　太　阳　照着　你，像风吹着

```
2  - | 1. 1 5 5 | 3. 3 1 1 | 5. 5 4 5 | 6 0 6 | 5  - |
```
丽，　　五星红旗　高高挂起，我　们热爱你，敬　礼，
你，　　亲爱的　五星红旗，我　们热爱你，敬　礼，

```
                              1.              2.
3. 1 2 | 1  0 :| 1  5. 5 | 6  5 | 5  - | 5  0 ||
```
五　星红　旗。　　旗　五星红　旗！
五　星红

　　听赏提示：强弱交替的 2/4 节拍，表现出了向五星红旗致敬的坚定情绪，旋律中附点音符的加入增强了节奏感，使音乐更加生动有力。歌曲为一段体结构，歌词通俗易懂，表达了宝宝对五星红旗的热爱与敬意。

16. 我和爸爸乘飞机

陈嵩云词
段福培曲

1=C 3/4

5 6 5 3 | i - 6 | 5 - - | 5 6 5 3 | 5 - 1 | 2 - - |
1. 我 和 爸 爸 乘 飞 机， 飞 机 飞 到 蓝 天 里，
2. 我 和 爸 爸 乘 飞 机， 飞 机 飞 到 蓝 天 里，

3 - 1 | 5 - 2 | 3 - - | 5 - 3 | i - 5 | 6 - - |
彩 霞 对 我 笑， 白 云 在 脚 底，
黄 河 滚 滚 来， 长 城 长 万 里，

i i 5 5 | 6 6 3 - | 2 3 6 5 | [1.] 2 3 1 - : | [2.] 5 5 i - ||
飞 呀 飞 呀 飞 呀 飞， 我 比 小 鸟 更 神 气。 真 美 丽。
看 呀 看 呀 看 呀 看， 伟 大 祖 国

听赏提示：三拍子特有的强弱律动感使旋律更加欢快与流畅。歌词通俗易懂，描绘出了"我"和"爸爸"乘飞机的场景，在蓝天里看万里长城、滚滚黄河，欣赏伟大祖国的美景，表达了小朋友对祖国的热爱与赞美。

17. 船 儿 摇

倪 达词
甘晓明曲

1=C 4/4

5 3 2 3 5 - | 5 3 2 3 5 - | 5 6 5 6 5 3 2 | 3 3 3 2 1 2 - |
摇 呀 摇， 摇 呀 摇， 船 儿 摇 到 外 婆 桥， 摇 到 外 婆 桥，

5 3 5 3 2 3 2 1 | 3 3 6 3 2 2 1 | 2 2 2 3 5 2 2 2 3 5 |
外 婆 住 上 新 楼 房， 我 按 门 铃 把 门 敲， 叮 铃 铃 铃 铃， 叮 铃 铃 铃 铃，

6. 5 3 5 6 - | 3 3 3 6 5 - | 3 3 1 2 - | 2 2 6 1 - ||
外 婆 我 来 了， 外 婆 我 来 了， 摇 呀 摇， 摇 呀 摇。

听赏提示："摇呀摇，摇呀摇"，我们仿佛看到了船儿在水中摇曳的样子，旋律多在三度内进行，使曲调更加舒缓流畅。十六分音符的连续出现，生动形象地表现出门铃的响声，也增加了些许活泼的氛围。歌词通俗易懂，讲述了小朋友划船去找外婆的故事，便于宝宝学习与熟记。

18. 马路上的车

王海音曲

1=D 2/4

（5̣ 6̣ | 5̣ 6̣ | 5̣ 6̣ | 5̣ 6̣ | 2 0 | 6̣ 0 | 1 0）| 6 5 6 5 | 6 3 5 | 6 3 5 |

3 2 3 2 | 5 3 2 | 5 3 2 | 1 1 1 2 | 3 2 3 | 1 1 1 2 | 3 2 3 |

5̣ 6̣ | 5̣ 6̣ | 5̣ 6̣ | 5̣ 6̣ | 2 6̣ 1 | 2 6̣ 1 | 3 5 5 5 | 3 5 3 5 | 3 1 2 |

3 1 2 ‖: 5̣ 1 | 2 3. | 5̣ 1 | 2 3. | 2. 6̣ | 1 - :‖

听赏提示： 八分音符反复的旋律仿佛在描绘马路上小轿车、公共汽车川流不息的景象，乐曲的最后则是洒水车的欢叫声……

19. 打 电 话

佚 名词
汪 玲曲

1=F 2/4

亲切地

3 5 3 2 | 3 6̣ 0 | 3 5 3 2 | 3 6̣ 0 | 5 0 5 0 | 5 - |

1.两 个 小 娃 娃 呀， 正 在 打 电 话 呀："喂， 喂， 喂，
2.两 个 小 娃 娃 呀， 正 在 打 电 话 呀："喂， 喂， 喂，

3 3 2 5 | 3 - | 2 0 2 0 | 2. 3 | 5̣ 6̣ 3 2 | 1 - ‖

你 在 哪 里 呀？" "哎， 哎， 哎， 我 在 幼 儿 园。"
你 在 做 什 么？" "哎， 哎， 哎， 我 在 学 唱 歌。"

听赏提示： 歌曲以两个小娃娃打电话为题，表达了孩子们活泼快乐的心情。演唱纯朴自然，天真活泼，"喂喂喂""哎哎哎"更显得有趣、开朗。

20. 一只白鹅送外婆

郑　南词
蒋振声曲

1=bE 2/4

```
5  5   3  5 | 6   6 0 | 5.  6  5 3 | 2  — |（2.  0 | 2.  0 ）|
```
1.牵着 一只 白 鹅　去 看我外 婆
2.走过 清水 河呀　来 到山窝 窝,
3.外婆 拉着 我呀　脸 上笑呵 呵,

```
1.  1   6.  1 | 2  3  2 | 2  1   2  3 | 5.   6 | 3  2  6 | 1  — |
```
今　天 是 她　过生日,　妈妈 让 我　去 做 客。
新　屋 窗 下　开满花,　外婆 正 在　花 前 坐。
我　向 外 婆　行个礼,　祝贺 生 日　幸 福 多。

```
X.  0 | X.  0 | 6  6 1  2  2 | 3  1  2 | 3  3 5  6  6 | 5  3 2 |
```
咯　　咯　　咯 咯咯 咯咯 咯 咯咯,　啦 啦啦 啦啦 啦 啦啦,
咯　　咯　　咯 咯咯 咯咯 咯 咯咯,　啦 啦啦 啦啦 啦 啦啦,
咯　　咯　　咯 咯咯 咯咯 咯 咯咯,　啦 啦啦 啦啦 啦 啦啦,

```
5  5   3 5 | 6  6 5 | 6  5  3 | 1  1  6 3 | 2  0 | 2 1 6. | 5.  5  0 ‖
```
白鹅 快　乐呀　我 快乐,　白 鹅 快　乐 我 快乐 呀。
白鹅 唱　歌呀　我 唱歌,　白 鹅 唱　歌 我 唱歌 呀。
白鹅 祝　贺呀　我 祝贺,　白 鹅 祝　贺 我 祝贺 呀。

　　听赏提示：“咯咯咯，咯咯咯”，我们仿佛听到了白鹅的叫声,通俗易懂的歌词烘托出欢快的气氛,描绘出“我”手牵白鹅送外婆的场景。旋律多在三度内进行,较为舒缓流畅,附点节奏和休止符的加入使旋律更加诙谐、活泼。

第十四章　大自然的声音

　　大自然的声音不仅是自然界的珍宝，更是我们为孩子提供音乐启蒙的初步体验。在广阔的自然界中，无尽的声响宛如精心编织的交响乐。鸟儿的啼鸣、溪水的潺潺、微风吹过树叶的沙沙声，每一种声音都拥有其独特的音调和节奏。对于刚开始探索世界的婴幼儿来说，这些声音是最佳的启蒙老师，教他们学会聆听和辨别，激发他们对声音和世界的好奇心。

　　大自然有许多奇妙的声音。你听！呼——呼——呼，风卷着地面的树叶和尘土，边跑边不停地叫着；小雨从灰蒙蒙的天空淅淅沥沥地落下来，嘴里不停说着，沙沙沙——沙沙沙；雷在天空和乌云之间一点就着，发出轰隆隆——轰隆隆地咆哮；海浪在风的推动下一路狂奔，一阵一阵地拍打着海岸，哗——哗——哗；小鸟站在最高的枝头蹦来蹦去，高兴地吵着、叫着，叽叽喳——叽叽喳；小溪缓缓地一路向前走着走着，直到从高处坠落下来发出叮咚——叮咚的声音。

　　这些自然的声响，无需任何技术装置的修饰，便能在婴幼儿的心里播下宁静与和谐的种子。溪流的细语、风的低语，如同天然的摇篮曲，抚慰孩子们的心灵，带给他们安宁与舒适。

　　此外，通过认知各种自然声景，婴幼儿在玩耍和探索中学习如何识别和应对多种环境刺激。雷鸣和雨声的组合不仅锻炼了他们的听觉敏感性，也是对天气变化的初步识别和理解，奠定了他们未来对科学探索的基础。

　　我们可以通过简单的户外活动，让孩子们在自然的怀抱中感受这些声音；也可以在家中通过环境音乐，让孩子体验仿佛置身森林的感觉。通过这些互动，婴幼儿将学会在游戏中模仿和创造自然声音，不仅提升了他们的听觉技能，也进一步激发了他们的创造力和想象力。

　　在这场音乐与自然交融的启蒙之旅中，我们除了在教孩子们如何聆听之外，也在教他们如何感受这个世界。大自然的声音，无形中构筑了一个充满爱、学习和成长的环境，让我们的孩子在欢乐和奇妙中开启他们的生命之旅。

数字资源一览

一、0 至 6 个月的音乐熏陶

1. 眼睛闭闭好	2. 我的宝宝要睡觉	3. 坐起来,躺下去
4. 叮铃铃	5. 摇呀摇	6. 抓呀抓
7. 摇荡鼓	8. 听音	9. 婴儿被动操(3 至 6 个月)
10. 催眠曲	11. 醒来了	12. 进餐

二、7 个月至 12 个月的音乐熏陶

13. 摇篮曲	14. 美丽的黄昏	15. 抱皮球
16. 你在哪里呀	17. 洗手	18. 婴儿主、被动操
19. 催眠曲	20. 星星和月亮	21. 玩耍

三、13 个月至 18 个月的音乐熏陶

22. 安睡歌	23. 梦	24. 亲亲我
25. 小不点上早教	26. 太阳,祖国	27. 开步走
28. 蚊子咬我了	29. 五官操	30. 礼貌操
31. 睡眠曲	32. 快乐的家	33. 爸爸妈妈一样好

四、19 个月至 24 个月的早期音乐启蒙

34. 蝴蝶	35. 咪咪小猫	36. 小狗汪汪叫
37. 两只小象	38. 小黑猪	39. 宝宝不洗脸
40. 碰碰车	41. 小白兔和小乌龟	42. 打鼓
43. 小喇叭	44. 小鸭子扁嘴巴	45. 森林里
46. 摇到外婆桥		

五、25 个月至 30 个月的早期音乐启蒙

47. 牙刷牙膏真要好	48. 宝宝搭积木	49. 早教中心朋友多
50. 布娃娃敲木琴	51. 勾勾手	52. 机器人
53. 听音蹲下	54. 叽叽、嘎嘎、戆戆	55. 小手小脚
56. 小猫操	57. 你、我、他	58. 拍手
59. 拍手点头	60. 小腕花	61. 火车

六、31 个月至 36 个月的早期音乐启蒙

62. 好娃娃	63. 小拖鞋	64. 大鞋和小鞋
65. 礼貌歌	66. 大苹果红艳艳	67. 我要开飞机
68. 骑上我的小车	69. 数字歌	70. 天天锻炼身体好
71. 小白兔蹦蹦跳	72. 碎步	73. 小鸟飞呀飞
74. 在一起	75. 滑滑梯	76. 小马驹

七、37 个月至 42 个月的早期音乐启蒙

77. 划船	78. 筷子歌	79. 玉米妈妈
80. 我有一双小小手	81. 小八腊子开会喽	82. 冬天的雪娃娃
83. 我叫"轻轻"	84. 神奇的 Do Re Mi	85. "六一"到
86. 转圈	87. 小鸭走	88. 马儿跑
89. 娃娃进行曲	90. 找朋友	91. 逗狗
92. 欢迎曲		

八、多彩的音乐世界

93. 下雨啦	94. 小动物跳舞	95. 七彩音符
96. 我的小闹钟	97. 冬天来了	98. 白雪白,红灯红
99. 布谷鸟打电话	100. 小羊、小猫和小鸭	101. 气球和焰火
102. 躲猫猫	103. 蝴蝶飞	104. 小鹿
105. 小蜻蜓	106. 石榴花	107. 敬礼,五星红旗
108. 我和爸爸乘飞机	109. 船儿摇	110. 马路上的车
111. 打电话	112. 一只白鹅送外婆	

九、大自然的声音

113. 风声、雨声、雷声、海浪、鸟叫、小溪流水

以下是目录中带有"*"号的 25 首伴奏数字资源,可供适龄宝宝演唱时使用。

1. 眼睛闭闭好	2. 我的宝宝要睡觉	3. 亲亲我
4. 小不点上早教	5. 太阳,祖国	6. 开步走
7. 蝴蝶	8. 咪咪小猫	9. 小狗汪汪叫
10. 小黑猪	11. 宝宝不洗脸	12. 小鸭子扁嘴巴
13. 牙刷牙膏真要好	14. 宝宝搭积木	15. 早教中心朋友多
16. 勾勾手	17. 机器人	18. 好娃娃
19. 礼貌歌	20. 数字歌	21. 在一起
22. 筷子歌	23. 玉米妈妈	24. 我有一双小小手
25. 小八腊子开会喽		

主要参考文献

[1] 刘湘云,陈荣华.儿童保健学 [M].南京:江苏科学技术出版社,2006.

[2] 钱萍.浅谈早期教育误区及干预措施 [J].中国中医药现代远程教育,2009.

[3] 上海市地区托儿所协会,上海卫生局保育员培训办公室.托儿所教养教材 [M].上海:上海音乐出版社,1989.

[4] 王景瑶,王懿颖.国际早期儿童音乐教育的热点问题——2008 年国际音乐教育大会早期儿童音乐教育分会综述(二)[J].中国音乐教育,2009.

[5] 鲍秀兰.0—3 岁儿童教育的重要性 [J].实用儿科临床杂志,2003.

[6] 梁旭红,朱春涛.家庭早期教育对 0—3 岁小儿智能发育的效果观察 [J].中国优生与遗传杂志,2008.

[7] 菲里斯·卫卡特.动作教学:幼儿核心的动作经验 [M].林翠湄,译.南京:南京师范大学出版社,2006.

[8] 韩棣华.0—3 岁婴幼儿心理与优教 [M].上海:上海科学普及出版社,1999.

[9] 刘沛.音乐教育的实践与理论研究 [M].上海:上海音乐出版社,2004.

[10] 陶德清.学习态度的理论与研究 [M].广州:广东人民出版社,2001.

[11] 中国科学技术协会.婴幼儿家庭教育;电视讲座 [M].北京:科学普及出版社,1983.

[12] 余强基,卢志英,刘金明.如何开发人脑的智慧潜能——右脑智力开发的系列研究 [M].天津:天津社会科学院出版社,1994.

[13] 郭声健,罗红.音乐教育新概念 [M].长沙:湖南文艺出版社,2007.

[14] 罗国章.中医育儿 999 婴幼儿有病自治 [M].北京:北京师范大学出版社,1992.

[15] 詹莉.新生儿婴儿智能开发游泳法 [M].长沙:湖南科学技术出版社,2003.

[16] 方羽.四季养生丛书——冬 [M].南昌:江西科学技术出版社,2001.

[17] 黄莉莉.幼儿音乐兴趣的培养 [M].上海:上海音乐出版社,2002.

[18] 廖家骅.音乐成才之路:关于音乐人才学的构想 [M].上海:上海教育出版社,2004.

[19] 梁锐军,孙秀香.婴幼儿养育大全 家长幼教必读 [M].长春:东北师范大学出版社,1992.

[20] 秦云峰,高莉莉.婴幼儿优教优育 180 问 [M].赤峰:内蒙古科学技术出版社,2001.

[21] 李晋瑗.幼儿音乐教育 [M].北京:北京师范大学出版社,1998.

[22] Susan Young. Music with the Under-Fours [M]. New York: Routledge Falmer Press, 2003.

[23] Mary D. Sheridan. Play in early childhood: from birth to six years [M]. New York: Routledge Falmer Press, 1999.

[24] Lamb ME, Bornstein MH, Teti DM. Development in infancy: an introduction [M]. Mahwah, NJ: Lawrence Erlbaum Associates. 2002.

[25] Irène Deliège, Sloboda J. Perception and cognition of music [M]. London: Psychology Press, 1997.

[26] Luis Benitez BL. The biology of music [J]. Science, 2001.

[27] Rose SA, Feldman JF, Jankowski JJ.Processing speed in the first year of life: A longitudinal study of pretern and full-term infants [J]. Developmental Psychology, 2002.

后　　记

0—3 岁是人生发展的奠基阶段,婴幼儿养护与教育是家长、全社会和国家当前关注的重要问题。随着我国教育事业的普及,0—3 岁孩子的家长文化知识水平也不断提高,对于婴幼儿早期照护与教育事业的发展,更是十分重视。中国学前教育研究会教师发展专业委员会在推进学前教师教育质量提升的理论与实践研究的基础上,关注到我国 0—3 岁婴幼儿的早期教育遇到的实际问题,针对有些高等院校已经开设早期教育(0—3 岁)专业,由于理论与实践不足,在课程与教材建设方面遇到困难的实际问题,决定给予帮助并作出自己的努力与贡献。

教师发展专业专委会与上海科技教育出版社从 2015 年开始合作,制定了高等院校早期教育(0—3 岁)专业教学方案。在教学方案指导下组织专家和教师编写,并先后出版发行了:《婴幼儿保健》《婴幼儿营养与喂养》《婴幼儿心理发展理论》《婴幼儿认知发展与教育》《婴幼儿语言发展与教育》《婴幼儿社会性发展与教育》《婴幼儿行为观察与分析》《婴幼儿家庭教育》《早期教育教师与家长沟通的理论与实践》《特殊婴幼儿的心理发展与保教》《婴幼儿研究方法》共 11 本核心课程教材,还有几本正在出版过程中。

2019 年,针对全国开设早期教育(0—3 岁)专业的高等院校已经有百余所的实际情况,教师发展专业专委会与上海教育出版社合作,启动了第二批早期教育(0—3 岁)专业实践与艺术类教材的编写工作。此系列教材大多是实际操作类型,我们与上海人口发展协会合作组织编者队伍,共同进行教材编写工作。为了更好地为早期教育(0—3 岁)专业建设服务,更好地为婴幼儿照护机构与托育人员服务,更好地为婴幼儿家长服务,我们发动了高专、高职等 80 余所院校和婴幼儿照护机构,以及营养、卫生、健康、艺术等领域 200 余名骨干教师、医疗专家参与教材编写工作,充分体现了医教结合、全国统筹、通力合作,共同构建的基本思路。为了确保教材的科学性、针对性、实用性、前瞻性,我们在全国聘请专家对每本教材从编写初期就开始指导,并实施审核。为了使早期教育(0—3 岁)专业的学生有较高的素质与专业知识和综合能力,我们设置了基础性艺术类课程的教材。考虑到 3—6 岁幼儿园教育的衔接与连续性,部分教材设置了"0—6 岁托幼一体化"的内容。

通过各方面的共同努力,教材进入了陆续出版发行阶段。由于我国早期教育(0—3 岁)专业建设时间尚短,理论建设与实践经验都不足,教材建设遇到了不少困难,特别是新冠肺炎疫情的挑战,但是在各本教材主编的领导下,在指导专家的帮助下,在编者们的努力下,我们完成了预定目标。在此,向主编、专家、编者表示诚挚的感谢! 对教材编写工作给予各种支持的医疗卫生、健康管理、营养保健、婴幼儿托育机构、幼儿园等的专家、教师、托育人员表示真诚的谢意! 对编者所在院校和部门、机构的大力支持和帮助表示由衷的感谢! 对上海人口协会与上海教育出版社的合作表示感谢! 本系列教材引用了国内外同行的一些研究成果,在此一并表示感谢! 由于系列教材编者来自全国各地,经验与水平不同,时间较紧,教材难免有缺点与不妥之处,敬请批评指正。我们会不断改进与完善。

中国学前教育研究会教师发展专业专委会

郭亦勤

2021 年 5 月

于天津师范大学学前教育学院

图书在版编目（CIP）数据

婴幼儿早期音乐启蒙教育：0—42个月 / 蒋振声主
编. -- 修订版. -- 上海 ：上海教育出版社，2025. 1.
ISBN 978-7-5720-3345-2

Ⅰ. G613.5

中国国家版本馆CIP数据核字第2025RK5191号

责任编辑　芮　菁　张怡辰
封面设计　赖玫伊

婴幼儿早期音乐启蒙教育（0—42个月）修订版

蒋振声　主编

出版发行　上海教育出版社有限公司
官　　网　www.seph.com.cn
地　　址　上海市闵行区号景路159弄C座
邮　　编　201101
印　　刷　江阴金马印刷有限公司
开　　本　890×1240　1/16　印张 7.5
版　　次　2025年3月第1版
印　　次　2025年3月第1次印刷
书　　号　ISBN 978-7-5720-3345-2/G・2982
定　　价　48.00元

如发现质量问题，请向本社调换　电话 021-64373213